懐かしい沿線写真で訪ねる

京王線 井の頭線
街と駅の1世紀

矢嶋秀一

昭和の街角を紹介

新宿〜初台間の地下化工事の進むなか、その横を通過する4両編成の急行。(昭和37年)

提供：J.WALLY HIGGING

アルファベータブックス

CONTENTS

- はしがき … 4

第1部　京王線・競馬場線・動物園線・高尾線
- 新宿 … 6
- 初台、幡ヶ谷 … 10
- 笹塚、代田橋 … 12
- 明大前 … 14
- 下高井戸、桜上水 … 16
- 上北沢、八幡山、芦花公園 … 18
- 千歳烏山、仙川、つつじヶ丘 … 20
- 柴崎、国領、布田 … 22
- 調布 … 24
- 西調布 … 27
- 飛田給、武蔵野台、多磨霊園 … 28
- 東府中、府中競馬正門前 … 30
- 府中 … 32
- 分倍河原 … 34
- 中河原 … 35
- 聖蹟桜ヶ丘、百草園 … 36
- 高幡不動 … 38
- 多摩動物公園 … 41
- 南平、平山城址公園 … 42
- 長沼、北野 … 44
- 京王八王子 … 46
- 京王片倉、山田 … 50
- めじろ台、狭間 … 52
- 高尾、高尾山口 … 54

第2部　相模原線
- 京王多摩川、京王稲田堤、京王よみうりランド … 58
- 稲城、若葉台、京王永山 … 60
- 京王多摩センター … 62
- 京王堀之内、南大沢、多摩境 … 64
- 橋本 … 66

第3部　井の頭線
- 渋谷 … 68
- 神泉、駒場東大前、池ノ上 … 72
- 下北沢 … 74
- 新代田、東松原 … 76
- 永福町、西永福 … 78
- 浜田山、高井戸 … 80
- 富士見ヶ丘、久我山 … 82
- 三鷹台、井の頭公園 … 84
- 吉祥寺 … 86

京王電車沿線名所図絵

新宿追分～東八王子間の沿線名所案内図。深大寺、京王閣、多摩御陵、高尾山などの名所を紹介しながら、計画線も書き込まれている。

京王電気軌道線の時刻表（昭和15年）

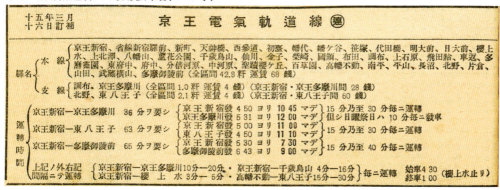

京王新宿～多摩御陵を本線とし、調布～京王多摩川、北野～東八王子を支線としている。京王新宿～東八王子は63分で、60銭だった。

京王電気軌道の沿線案内図

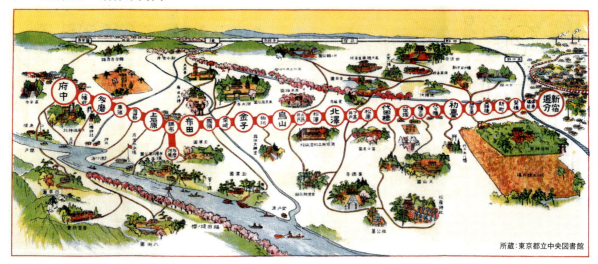

所蔵：東京都立中央図書館

新宿追分～府中間を開業した京王電気軌道の沿線案内図で、沿線の名所も描かれている。現在は重要な起点駅となっている笹塚、松原（現・明大前）、調布が小さな扱いになっており、初台、代田橋、北沢（現・上北沢）、布田、上石原（現・西調布）などの扱いが大きいのが面白い。

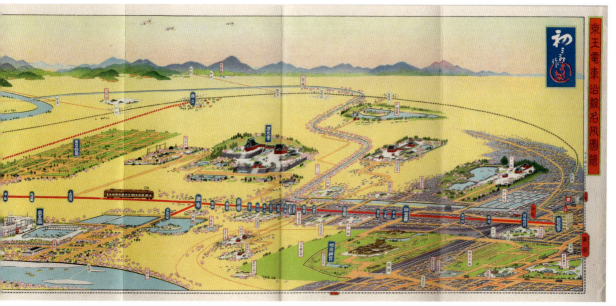

所蔵：生田 誠

はしがき

明治43(1910)年に京王電気軌道株式会社が設立されたが、同社はこの時から東京と八王子を鉄道によって結ぶという明確な意思を社名に込めていた。しかし、その思いを実現するまでにはさまざまな紆余曲折があった。大正2(1913)年に笹塚〜調布間を開通させ、同5年に新宿追分(現在の新宿三丁目付近)〜府中間を開通させたが、まだ八王子は遠かった。しかも、東京市街鉄道(のちの東京市電)との直通運転を目論んで、軌間1372ミリを採用したものの、直通運転は厚い壁に阻まれていた。

そこで、苦肉の策として編み出されたのが、関連会社として玉南電気鉄道を設立し、新たに府中〜八王子間の鉄道を敷設しようというものだった。ただし、政府の補助金が得られる地方鉄道法にもとづく新会社設立だったため、軌間1067ミリでの敷設を余儀なくされた。そのうえ、省線(のちの国鉄、現・JR)中央線の競合路線とみなされたため、補助金も交付されなかった。大決断を迫られた京王電軌は、大正15(1926)年に玉南電鉄を合併し、府中以西の路線を改軌することにする。そしてようやく、昭和3(1928)年に新宿〜東八王子(現・京王八王子)間の直通運転開始に至った。

こうして、念願の新宿〜東八王子間の直通運転が始まったが、戦前の京王線は軌道線の印象だけが強いローカルな路線だった。転機になったのは戦争末期の空襲による被災で、京王線の起点を新宿駅東側から西側へ移転することになったのだった。もちろん、戦後しばらくは併用軌道を走ることもあったが、駅の西口移転は現在の京王電鉄に至る出発点となった。地上駅の新宿時代を経て、地下駅となったのは昭和38(1963)年のことだった。これ以降、京王電鉄は東京の西郊を走る都市間路線としての地位を築いていく。

戦後、井の頭線と一体になり京王帝都電鉄として再スタートを切ると、京王多摩川から先の相模原線の延伸に着手する。こちらは平成2(1990)年に橋本に達して全通した。また、昭和53(1978)年には京王新線を地下に敷設して、都営地下鉄新宿線との直通運転も開始した。まさに波乱万丈の京王電鉄の歩みだが、その歴史を沿線の思い出とともに、懐かしい写真で辿っていただけたらと思う。

大正末期
多摩川橋梁を渡る玉南電気電気鉄道(現・京王電鉄)のデハ1型。大きなパンタグラフを取り付けて走った。京王との合併後はデハ2000型として戦後まで活躍した。
所蔵：白土貞夫

昭和初期
京王電気軌道の関連会社として設立された玉南電鉄は、府中〜東八王子間を狭軌路線として敷設した。軌間が異なることから直通運転ができず、当初は府中での乗り換えが必要だった。
所蔵：東北大学図書館

第1部
京王線・競馬場線・動物園線・高尾線

京王線は新宿〜京王八王子間の37.9kmを結ぶ京王電鉄のメイン路線で、これに線増扱いの京王新線3.6kmが加わる。新宿〜府中間はおおむね甲州街道に沿って西進しており、JR中央線と並行している。昭和30(1955)年開業の競馬場線は東府中〜府中競馬正門前間0.9kmを結ぶ。昭和39年開業の動物園線は高幡不動〜多摩動物公園間2.0kmで結んでいる。昭和42年開業の高尾線は北野〜高尾山口間8.6kmを結んでいる。

高尾山口駅ホームに停車する新宿行き特急。この先、高幡不動で京王八王子発の4両と併結して新宿に向かう。

Shinjuku St.
新宿
しんじゅく

世界一の大ターミナル
新宿駅の一角を担う
京王線の起点駅

【新宿駅】

開 業 年	大正4（1915）年5月30日
所 在 地	東京都新宿区西新宿1-1-4
キ ロ 程	0.0キロメートル（新宿起点）
駅 構 造	地下駅
ホ ー ム	3面3線　1面2線（新線）
乗降人数	73万4578人

昭和36年

▲地上駅時代の新宿駅
空襲で被害を受けて西口に移転した京王線新宿駅は、戦後もバラック建築のまま営業を続けた。駅名表示の下に多摩動物公園、野猿峠、高尾山の案内板が掲げられている。

撮影：小川峯生

現在

▲新宿駅への地上出入口
新宿駅が地下にあるため、西口の地上からは京王百貨店新宿店1階の出入り口を利用する。目立つように駅入口を案内する大きな看板が掲げられている。

現在

◀京王百貨店新宿店
昭和39年にオープンした京王百貨店新宿店。平成6年に改装した。

昭和31年

▲地上時代の新宿駅ホーム
デハ2110形（3扉化改造後）が発車を待つ。この車両は全12両のうち5両が戦災に遭い、応急復旧されて丸屋根になった。

　京王線の新宿駅は起点駅でありながら、波乱万丈の歴史に包まれている。初代の新宿駅が「新宿追分」として開業したのは、京王電気軌道が笹塚～調布間を開通させた大正2（1913）年から2年後の大正4年になってからで、駅の位置は新宿駅の東側を走る現在明治通り付近の道路上にあった。まさに、路面電車の停車場としての遅れたスタートだった。その後、駅はビルの1階に移転し、「四谷新宿」「京王新宿」と駅名を改称する。

　昭和20（1945）年5月、新宿一帯は米軍機の空襲によって大被害を受ける。京王は7駅を焼失し、車両も被害を受けたが、天神橋変電所の被災によって甲州街道跨線橋の急勾配を運行することができなくなってしまった。そこで、同年7月に駅舎を西口側に移転することを余儀なくされる。応急の突貫工事だったため、屋根なしの木造板張りのホームとなった。

　戦後の急速な復興にともない、昭和30年代後半には1日の乗降客が24万人にもなっていた。そのため、駅の地下化工事が行われ、昭和38（1963）年に地下駅が完成する。現在の10両編成対応のホームに改修されたのは昭和57（1982）年のことだった。また、新線新宿駅は新線が開通した昭和53（1978）年、甲州街道の地下30メートルの位置に開業した。その2年後には都営新宿線の岩本町駅まで京王の車両が乗り入れた。現在は都営新宿線の終点である本八幡駅まで直通運転が行われている。

▲地上駅解体の様子 〔昭和38年〕

昭和38(1963)年4月に新宿地下駅が完成した。そのため、昭和20(1945)年以来使用してきた地上駅の解体工事を進め、後に京王百貨店ビルの建設が始められた。

▲京王百貨店の建設と新宿駅の地下化 〔昭和38年〕

地上駅だった新宿駅は昭和38年に地下駅化されるが、その工事中も地上駅で乗客をさばいた。地上部に建築中なのが京王ビルで、翌年に京王百貨店がオープンした。

▼新宿駅の全景

新宿駅を西側から俯瞰したもので、一番手前の短い屋根が京王線の新宿駅。2本の細い屋根が小田急線の、奥の白っぽい屋根が国鉄の新宿駅。

古地図探訪　新宿駅付近

京王電気軌道の起点が現在の明治通り上にあり、「追分」と表示されている。ここを出発した電車は甲州街道上の併用軌道に入り、国鉄新宿駅南口前の「新宿停車場前」を過ぎると専用の鉄橋で国鉄線を越え、再び甲州街道上の併用軌道に戻って、次の「葵橋」に至っている。国鉄新宿駅の東口はまだ開設されておらず、市電は角筈に仮の終点を設けていた。この当時、小田急線は開業していない。

〔大正5年〕

〔昭和35年頃〕

昭和28年

◀**甲州街道の併用区間**

新宿駅を出た電車はすぐに甲州街道の併用区間に入る。自動車の交通量はあまり多くないが、モータリゼーションが進むと、道路上の電車は次第に邪魔者扱いされるようになる。写真奥の大きな建造物は、初台にあった東京ガスのガスタンク（現在の新宿パークタワー）。

提供：京王電鉄

昭和38年

▶**甲州街道の併用区間**

新宿駅を出発して甲州街道の併用区間に向かう下り電車。道路を横切るときは大きな警報音で自動車に知らせた。右奥が国鉄新宿駅の南口。

撮影：矢崎康雄

昭和45年

◀**京王プラザホテル**

昭和35年に策定された「新宿副都心建設計画」にのっとって、淀橋浄水場の跡地を中心とする地区に高層ビルを集中させることになり、その第一弾として京王プラザホテルが建設された。ホテルは同46年に完成し、当時では世界一の高層ホテルとなった。まだ周辺は未開発だった。

提供：東京都

🔊 新宿駅西口ロータリー

新宿駅西口にアクセスするロータリーで、地下の西口広場も見える。写真右端に建設中の小田急百貨店があり、その左隣には営業中の小田急百貨店が、正面には小田急ハルクがある。地上には新宿駅西口発着の路線バスののりばがある。

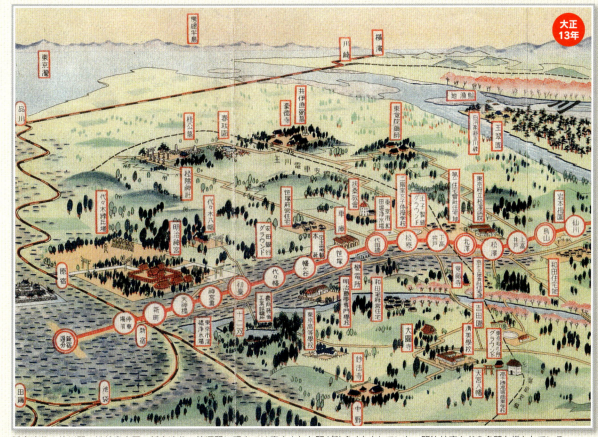

新宿追分〜仙川間の沿線案内図。新宿追分〜笹塚間に現在では廃止された駅が数多く存在していた。明治神宮などの名所も描かれている。

Hatsudai St. / Hatagaya St.

初台、幡ヶ谷

初台に東京オペラシティと新国立劇場
幡ヶ谷は八幡太郎義家ゆかりの地

【初台駅】

開業年	大正3(1914)年6月11日
所在地	東京都渋谷区初台1-53-7
キロ程	1.7キロメートル(新線新宿起点)
駅構造	地下駅
ホーム	2面2線
乗降人数	5万7610人

【幡ヶ谷駅】

開業年	大正2(1913)年11月11日
所在地	東京都渋谷区幡ヶ谷1-2-1
キロ程	2.7キロメートル(新線新宿起点)
駅構造	地下駅
ホーム	2面2線
乗降人数	3万1229人

昭和39年

▲初台駅のホーム
昭和39年に地下駅となる前の仮設ホーム。すでに上り線は地下化されていたが、下り線だけが地上に残されていた。

撮影:荻原二郎

▲地上時代の初台駅
昭和3年の新宿～東八王子間直通時に各駅が改装しているが、初台の三角屋根を頂いたゴシック建築風の駅舎はひときわモダンだった。

▶地上時代の幡ヶ谷駅
新宿～東八王子間直通時に改装された駅舎で、三角屋根をふたつ連ねたおしゃれな駅になった。

昭和39年

◀地下の初台駅
昭和39年に完成した地下駅。その後、駅は甲州街道直下の新線上に移されるが、この地下駅のホーム跡は現在も在来の京王線上に残されている。

撮影:荻原二郎

昭和35年頃

　大正3(1914)年に改正橋として開業し、大正8年、初台に改称した。当初は玉川上水沿いの地上駅で、路面電車の停車場といった雰囲気が色濃かった。初台という駅名は、太田道灌が代々木村に8ヵ所の砦を築き、そのうちの一の砦があったことにちなんで命名されたという。昭和39(1964)年には新宿に続いて地下駅化されたが、このころは1面2線の簡素な駅だった。その後、昭和53(1978)年に甲州街道の直下に新線が開通したのに合わせて、駅を移動している。従来の地下駅は、現在も在来線にホームが残っているが、営業運転の電車が停車することはない。現在の駅は、上りホームが地下2階、下りホームが地下3階という2層構造になっている。

　幡ヶ谷は大正2年の開業で、豊多摩郡代々幡村大字幡ヶ谷という地名から駅名がとられた。隣駅の初台が地下化された後も地上駅として残っていたが、新線開通とともに新線上の地下駅に移転した。現在の駅は首都高速4号新宿線と国道20号(甲州街道)の地下にあり、地下2階に上下線のホームが並んでいる。新線の駅であることから、京王線新宿駅発の電車は停車しない。戦前には京王新宿～幡ヶ谷間に最大で9駅が設けられていたが、終戦直前に新宿が西口に移転した際にほとんどが廃止され、初台と幡ヶ谷だけが残った。

古地図探訪

初台駅～幡ヶ谷付近

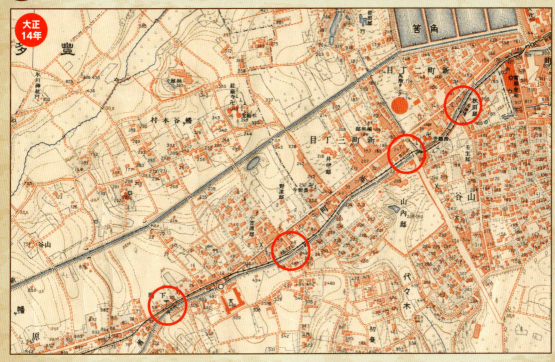

大正14年

地図右上の「新町」を出た京王電気軌道は甲州街道を外れて専用軌道を南西に走り、「天神橋」から「代々木」を経て、現在の初台駅近くの「改正橋」に到着する。地図下の代々木という地名の隣に、初臺という表記が見られる。改正橋駅を出ると、途中から再び甲州街道上に戻り、「代々幡」に至っている。軌道はほぼ玉川上水沿いに進んで行く。

初台駅付近の空撮

中央を甲州街道が走り、その左側を蛇行しながら京王線が走る。写真奥に地下化される前の初台駅がある。手前のガスタンクは撤去され、新宿パークタワーになった。

昭和37年

提供：朝日新聞社

Sasazuka St. / Daitabashi St.
笹塚、代田橋

商店街が縦横無尽に走る笹塚
代田橋には都の和田堀給水所がある

【笹塚駅】
開業年	大正2（1913）年4月15日
所在地	東京都渋谷区笹塚1-56-7
キロ程	3.6キロメートル（新宿起点）
駅構造	高架駅
ホーム	2面4線
乗降人数	7万5401人

【代田橋駅】
開業年	大正2（1913）年4月15日
所在地	東京都世田谷区大原2-18-9
キロ程	4.4キロメートル（新宿起点）
駅構造	地上駅
ホーム	2面2線
乗降人数	2万138人

▲地上時代の笹塚駅
大正2年の笹塚〜調布間開業と同時に開設された京王線最古参の駅。開業からしばらくは駅の南側に車庫が併設されていた。現在は高架駅。

▲笹塚駅ホーム
朝のラッシュ時の光景であろうか、ホームに通勤者があふれている。入線してくる電車は昭和52（1977）年まで活躍した2700系。

▶地上時代の代田橋駅
現在の駅舎は地下にあるが、かつては地上にあり、上下線ホームを構内踏切や地下道で結んでいた。

◀代田橋駅ホーム
発展期の京王を代表する顔として活躍した京王5000系が颯爽とホームに進入する。
撮影：荻原二郎

　京王電気軌道が笹塚〜調布間を開業した大正2（1913）年に、都心寄りの駅として開設されたもっとも歴史のある駅のひとつ。当駅以東の用地買収が難航したための見切り発車による開業だったが、京王線の歴史はこの駅から始まったといっても過言ではない。開業当初には駅の南側に車庫が併設されていた（大正14年に廃止）。駅名は内藤新宿からちょうど1里のこのあたりに、笹に覆われた一里塚があったことに由来している。昭和53（1978）年に駅が高架化され、それを待って新線が開通し、新宿〜笹塚間の複々線化が実現した。本線と新線が合流する駅として乗降客が多く、平成27（2015）年からは準特急の停車駅になった。

　代田橋は笹塚、明大前という主要駅に挟まれた地味な印象の駅で、両駅とはそれぞれ800メートルの距離しかない。開業は笹塚、明大前（当時は火薬庫前）と同時で、玉川上水に架かっていた甲州街道の橋が代田橋と呼ばれていたことから、駅名に採用された。駅の西側一帯は大原稲荷神社の境内で、線路が境内を横断することになったため、線路の南側の境内は東京都水道局和田堀給水所となった。駅は新宿を発車した電車が地下、高架を経て最初に停車する地上駅で、改札口は地下に設けられている。

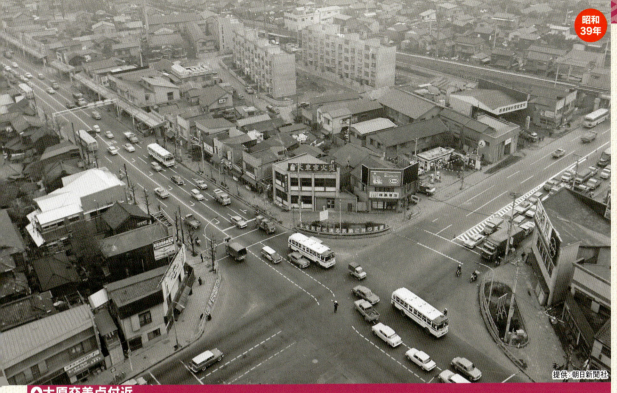

昭和39年

🔺大原交差点付近

代田橋駅の笹塚駅寄りで、甲州街道と環7通りが交差している大原交差点は、激しい交通渋滞で知られた。現在、甲州街道の上を走っている首都高速新宿線は、まだ着工すらされていない。写真右上が京王線、沿線にはビルも少ない。

🚶 古地図探訪

笹塚～代田橋駅付近

玉川上水が代々幡駅付近から大きく南に蛇行しているが、「笹塚」あたりで北上し、再び京王電気軌道と並行するようになる。しばらく軌道の南側を流れていた玉川上水は「代田橋」の手前で軌道を横切り、甲州街道も越えて北側を流れるようになり、玉川上水の新水路と合流する。代田橋駅の南側には、「和田堀浄水池(現・和田堀給水所)」が見える。

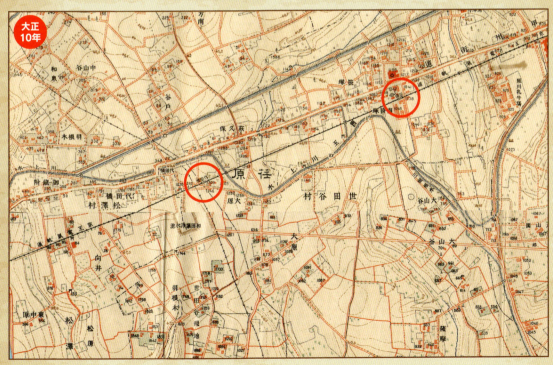

大正10年

新宿区 / 渋谷区 / 世田谷区 / 杉並区 / 調布市 / 府中市 / 多摩市 / 日野市 / 八王子市

Meidaimae St.
明大前
陸軍の火薬庫があった街を
京王線と井の頭線が立体交差

【明大前駅】	
開業年	大正2(1913)年4月15日
所在地	東京都世田谷区松原2-45-1
キロ程	5.2キロメートル(新宿起点)
駅構造	地上駅(高架駅)
ホーム	各2面2線
乗降人数	9万1026人

昭和35年頃
提供：京王電鉄

◎明大前駅
掘割の中を走る井の頭線をオーバークロスして京王線が走る。両線からの乗り換え利用者が多い連絡駅。

昭和40年
提供：J.WALLY HIGGING

◎明大前付近の荷電
赤い塗装が異彩を放つ荷物電車のデニ200形。昭和28(1953)年製と比較的遅い時期の製造で荷電廃止後は入換車などに使用された。

昭和59年
撮影：荻原二郎

◎明大前付近
京王躍進の立役者6000系は1970年代から80年代にわたって主力車両として活躍した。

昭和55年
撮影：高橋義雄

◎明大前駅の3000系
京王線の5000系に対して長く井の頭線の顔として親しまれたのが3000系で、登場時から約25年間増備が続けられた。

　京王電気軌道の開業と同時に開設され、当初は火薬庫前という駅名だった。甲州街道沿いに江戸幕府の煙硝蔵があり、当時は陸軍が火薬庫として管理していたことに由来する。火薬庫が大正6(1917)年に閉鎖されると、駅名は松原に改称される。さらに、昭和10(1935)年に甲州街道の北側に明治大学予科(現・明治大学和泉校舎)が移転してきたため、現在の駅名に改称した。また、当時の帝都電鉄(現・井の頭線)西松原駅も同日に現駅名に改称している。

　京王線と井の頭線が当駅の渋谷寄りで立体交差しているが、両線はもともと別会社が運行する路線だった。戦時中に私鉄各社を統合した「大東急」時代に京王線を運行していた京王電気軌道と、井の頭線を運行していた帝都電鉄が、昭和23(1948)年に京王帝都電鉄というひとつの会社となったのだった。こうしたことから両線はいまだに軌間が異なっており、相互乗り入れはしていない。

　京王線のホームは2階、井の頭線のホームは掘割にあり、改札口は1階に設けられている。平成13(2001)年にはホームの屋根に太陽光発電システムが導入され、発電した電力を駅の電気施設に供給している。また、平成19(2007)年には井の頭線下りホームに面して駅ビルの「フレンテ明大前」が開業した。

井の頭線のホーム

井の頭線の前身、帝都電鉄は昭和8（1933）年開業ということもあり、最初から昭和初期のスマートな車両がお目見えしました。

明大前付近のデハ2000形

昭和19年の「大東急」合併による改番によって、元の玉南電鉄1型はデハ2000形となり、戦災に遭うこともなく戦後も活躍した。

明大前駅の3000系

初の新性能車として昭和32（1957）年から活躍した初代1000系は後継の3000系の増備に伴い昭和59（1984）年に引退した。

古地図探訪　明大前～下高井戸駅付近

地図の上部にある「火薬庫跡」は、現在の明治大学和泉キャンパス。京王電気軌道の駅名も明大前ではなく「まつばら（松原）」。

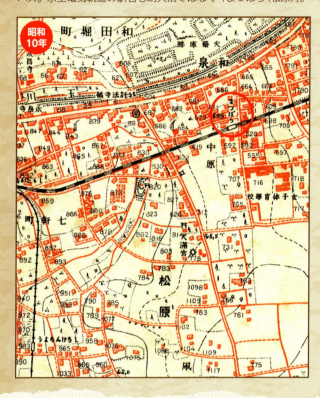

新宿界隈の廃止駅

大正4（1915）年、新宿に乗り入れた京王電気軌道は甲州街道を走る路面電車であった。当時、起点は新宿の東側の新宿追分であり、後に四谷新宿、京王新宿と駅名を改称している。新宿界隈から幡ヶ谷にかけて数多くの駅が存在していたが、順に新宿追分からたどると①省線新宿前（旧・停車場前）→現在のJR新宿駅南口跨線橋上、②葵橋→現在の甲州街道西新宿一丁目交差点付近、③新町→現在の西新宿二丁目交差点付近、④天神橋→現在の京王電鉄天神橋変電所付近、⑤西参道（旧・代々木→神宮裏）→現在の甲州街道西参道口交差点付近、⑥初台（開業時は改正橋）、⑦幡代小学校前、⑧幡代（旧・代々幡→幡ヶ谷本町）⑨幡ヶ谷の各駅があった。②は大正14年に廃止され、昭和20（1945）年7月24日の新宿駅西口移設の時に①③④⑤⑧が廃止された。なお、⑦の廃止時期は不明である。⑥の初台と⑨の幡ヶ谷が残り現在に至っている。当時の新宿追分駅のターミナル跡には現在京王新宿追分ビルが建っており、渋谷区立幡代小学校や幡代というバス停（都営・京王）も現存している。

Shimo-takaido St. / Sakurajosui St.
下高井戸、桜上水

下高井戸は駅前市場や商店街が元気
桜上水の東側を荒玉水道道路が横断

【下高井戸駅】
開 業 年	大正2(1913)年4月15日
所 在 地	東京都世田谷区松原3-29-17
キ ロ 程	6.1キロメートル(新宿起点)
駅 構 造	地上駅(橋上駅)
ホ ー ム	2面2線
乗降人数	4万4039人

【桜上水駅】
開 業 年	大正15(1926)年4月28日
所 在 地	東京都世田谷区桜上水5-29-52
キ ロ 程	7.0キロメートル(新宿起点)
駅 構 造	地上駅(橋上駅)
ホ ー ム	2面4線
乗降人数	3万6875人

昭和35年頃

🔺地上駅舎時代の下高井戸駅
開業当初から上り線と下り線にそれぞれの駅舎をもっていたが、平成5年に橋上駅舎になった。東急世田谷線と連絡している。

🔻桜上水車庫の2010系
昭和34(1959)年から製造された2000系の改良型にあたる系列の2010系。2次車では前照灯がシールドビーム2灯に変更された。

昭和38年

昭和14年

◀戦前の桜上水駅ホーム
路面電車タイプの23形が停車している。この車両は大正後期から昭和初期に44両が製造された。
撮影：荻原二郎

撮影：荻原二郎

　下高井戸は大正2(1913)年の笹塚〜調布間開業時からある駅で、開設当初から上下線で別々に駅舎をもっていた。駅の所在地は世田谷区松原だが、駅名は杉並区の高井戸宿からとられている。大正14(1925)年には東急玉川線(現・世田谷線)に同名の駅が開業した。また、昭和13(1938)年に駅名を日大前に改称するが、同19(1944)年には最初の駅名に戻している。駅の西側には線路を斜めに横断する大踏切があって、買い物客や通勤通学客が殺到して終日大混雑している。大踏切のすぐ脇には昭和初期に開業した「高井戸駅前市場」があり、現在も下高井戸商店街の顔としてにぎわいをみせている。

　桜上水は大正15(1926)年に北沢車庫前として開業し、昭和8(1933)年には京王車庫前に改称し、昭和12(1937)年に現在の桜上水に再改称している。当初からの駅名が示すように駅の北側に車庫があり、車庫はその後、桜上水工場・桜上水検車区となった。しかし、車両の増加によって手狭になってきたため、昭和58(1983)年に若葉台工場・若葉台検車区に移転した。現在も電車留置線が残されており、車両の拠点となっている。かつての駅舎は北口と南口の2ヵ所にあり、構内踏切や地下道で結んでいたが、平成20(2008)年に橋上駅舎化された。地下道は閉鎖され、自由通路が設けられている。

昭和35年頃

◀桜上水駅

北口と南口に駅舎があり、構内踏切で連絡していたが、その後地下道が設けられた。駅舎の前を荒玉水道道路が走る。駅の南東に日本大学文理学部がある。

昭和53年

▼下高井戸駅ホーム

通勤電車において本格的に冷房を採用した先駆者的存在の5000系。京王の名車として多くの人に愛された。

昭和61年

▼桜上水駅

上の写真よりも駅舎が道路際から後退し、駅前広場的な空間ができた。駅舎は平成20年に橋上駅舎化された。

古地図探訪

下高井戸～上北沢駅付近

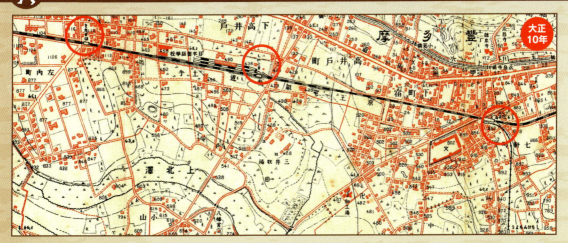

大正10年

地図右端の駅は「しもたかゐど（下高井戸）」で、南側から多摩川電気鉄道の軌道（現・東急世田谷線）が接続している。中央の駅は「しゃこまへ（車庫前）」で、現在の桜上水駅の旧名を表示している。また、左端の駅は「きたざは（北沢）」で、現在の上北沢駅。下高井戸駅周辺には人家が集まっているが、桜上水駅周辺はほとんど人家は見かけられない。

上北沢、八幡山、芦花公園
Kami-Kitazawa St. / Hachimanyama St. / Roka-koen St.

賀川豊彦記念松澤資料館がある上北沢
八幡山と芦花公園からは蘆花恒春園へ

【上北沢駅】	
開業年	大正2(1913)年4月15日
所在地	東京都世田谷区上北沢4-14-3
キロ程	7.8キロメートル(新宿起点)
駅構造	地上駅
ホーム	1面2線
乗降人数	1万4116人

【八幡山駅】	
開業年	大正7(1918)年5月1日
所在地	東京都杉並区上高井戸1-1-11
キロ程	8.4キロメートル(新宿起点)
駅構造	高架駅
ホーム	1面4線 (通過線含む)
乗降人数	4万711人

【芦花公園駅】	
開業年	大正2(1913 3)年4月15日
所在地	東京都世田谷区南烏山3-1-16
キロ程	9.1キロメートル(新宿起点)
駅構造	地上駅(橋上駅)
ホーム	2面2線
乗降人数	1万4186人

昭和35年頃

▲**地上駅舎時代の上北沢駅**
昭和30年代までは上下線の相対式ホームが食い違っていたが、島式ホームに改めてホーム中ほどに改札を設けた。平成6年に地下駅舎化した。

平成6年
撮影：荻原二郎

▶**芦花公園駅ホーム**
もともと小規模な商店街があるだけの地元密着の駅である。以前、近隣にはウテナ化粧品の工場があったが、現在は世田谷文学館などになっている。

◀**6000系**
写真の6000系は通勤の混雑が激しさを増す中、輸送力増強を目的に大きな期待を担って投入された。

昭和47年
撮影：荻原二郎

　上北沢は京王電気軌道の開業と同時に開設されるが、4年後の大正6(1917)年に駅名を北沢に改称し、昭和7(1932)年にふたたび上北沢に戻した。京王線では珍しい島式ホームの地上駅だが、駅舎は地下にある。隣駅の八幡山までの距離は600メートルしかなく、ホームから高架の八幡山ホームが望める。沢の多い地形で、その北側にあることから駅名がついた。

　八幡山は大正7(1918)年に松沢として開業し、昭和12(1937)年に現在の駅名に改称した。昭和45(1970)年に高架化されるまでは地上駅で、駅周辺は武蔵野の面影を色濃く残していた。駅の西側で環状8号線を横断するこ

とからの高架化であった。現在は島式ホーム1面2線の外側に通過線(本線)2本をもつ新幹線タイプ駅の構造となっている。平成13(2001)年から快速の停車駅となった。

　芦花公園は上北沢と同様に、京王電気軌道の開業時に上高井戸として開設されたが、昭和12年に作家の徳富蘆花が住んでいた蘆花恒春園が公園として公開されたのを機に、現在の駅名に改称した。開業当初から地上駅舎だったが、昭和57(1982)年に駅舎を地下に移し、平成22(2010)年には橋上駅舎化した。ホームは曲線上にあり、東隣の八幡山との距離は700メートルしかない。各駅停車だけが停車する。

△八幡山駅 昭和62年

開業からずっと地上駅だったが、昭和45年に高架化された。この時は相対式ホームだったが、何度も改修され、現在の島式ホーム1面4線になった。

△芦花公園駅 昭和35年頃

開業以来の地上駅時代の芦花公園。駅頭に犬がいるなど、のんびりムードが漂っていた。昭和57年に地下駅化された後、平成22年には橋上駅舎化された。相対式ホームは曲線上にある。

◁デハ2150形 昭和30年

昭和4～5年に網宮製作所で新製された車両。当初クロスシート車だったが、後に3扉化とロングシート化された。昭和40年代初期に廃車。

古地図探訪

八幡山～芦花公園駅周辺

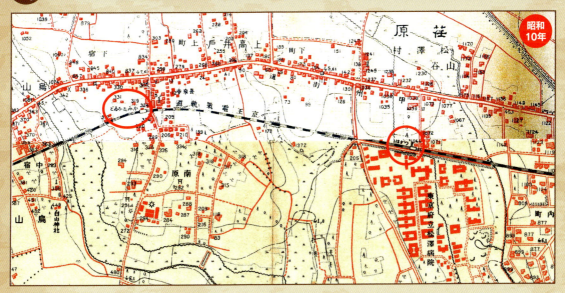

昭和10年

　右側の「まつざは(松沢)」は現在の八幡山駅で、駅の南側一帯に「東京府立松澤病院」が広大な敷地の中に存在していたことがわかる。目立つ建造物といえば松澤病院ぐらいで、甲州街道の沿道には人家が見られるものの、京王電気軌道の沿線には水田や畑が広がっていた。現在は八幡山駅の西側を環8通りが南北に走っているが、当時は甲州街道から南下する比較的広い道路はあったものの、甲州街道の北側には目立つほどの道路はなかった。

　地図の左端に「かみたかゐど(上高井戸)」という駅名が表示されているのは現在の芦花公園駅。駅の南東には広葉樹や針葉樹の林や竹林があり、武蔵野を象徴する光景が広がっていた。周囲を水田が囲んでいた。

Chitose-karasuyama St. / Sengawa St. / Tsutsujigaoka St.
千歳烏山、仙川、つつじヶ丘

駅前商店街が賑やかな千歳烏山
次の2駅の間に武者小路実篤記念館

【千歳烏山駅】
開業年	大正2(1913)年4月15日
所在地	東京都世田谷区南烏山6-1-1
キロ程	9.9キロメートル(新宿起点)
駅構造	地上駅
ホーム	2面2線
乗降人数	7万5913人

【仙川駅】
開業年	大正2(1913)年4月15日
所在地	東京都調布市仙川町1-43
キロ程	11.5キロメートル(新宿起点)
駅構造	地上駅(半地下構造)
ホーム	2面2線
乗降人数	7万5445人

【つつじヶ丘駅】
開業年	大正2(1913)年4月15日
所在地	東京都調布市西つつじヶ丘3-35-1
キロ程	12.5キロメートル(新宿起点)
駅構造	地上駅(橋上駅)
ホーム	2面4線
乗降人数	4万4530人

昭和35年頃

▲ **千歳烏山駅**
昭和32年までは島式ホーム2面4線だったが、ホーム有効長延伸のため相対式ホーム2面2線に改修した。駅舎は北口、南口、西口の3ヵ所。

▶ **懐かしの荷物電車**
千歳烏山駅に停車している222+232の2両編成の荷物電車。戦前の京王線14m車の生き残りであった。

平成2年
撮影:荻原二郎

◀ **新旧交代の時期**
昭和59(1984)年に京王初のステンレス車としてデビューを果たした7000系(左)がつつじヶ丘付近で名車5000系とすれ違う。

昭和41年
提供:J.WALLY HIGGING

　3駅とも笹塚〜調布間開業と同時に開設されている。千歳烏山は駅の所在地が旧烏山村にあったことから烏山として開業したが、昭和4(1929)年に千歳村の村名を冠して現在の駅名に改称した。千歳村は昭和11(1936)年に世田谷区に編入されるまでは、北多摩郡の村だった。昭和32(1957)年、従来の島式ホーム1面4線から待避線を撤去し、相対式ホーム2面2線としてホームを延長した。この時、待避機能を2駅先の金子(現・つつじヶ丘)へ移している。特急以外の全列車が停車する。

　仙川は開設時の駅名は下仙川だったが、大正6(1917)年に現在の駅名に改称した。武蔵野台地西端のこのあたりは標高が周辺よりも高いことから、線路が掘割の中を走る半地下構造となっている。従来は島式ホーム1面2線だったが、上り線が増設されて単式ホーム2面2線となった。区間急行、快速も停車する。

　つつじヶ丘は金子駅として開設された当初は甲州街道上の駅だったが、昭和2(1927)年に現在地に移転している。昭和32年、千歳烏山の待避線廃止にともない、待避線をもつ2面4線に配線を変更し、駅名も現在のつつじヶ丘に改称した。平成23(2011)年に橋上駅舎化され、2階に改札口が設置された。特急、準特急は停車しないが、そのほかの列車は停車する。

提供：東京都

🔺烏山付近で工事が中断した中央自動車道

中央道は昭和42年に調布～八王子間が開業したものの、烏山地区での騒音問題等により付近での工事が長期間中断した。高井戸～調布間が開通したのは昭和51年となった。

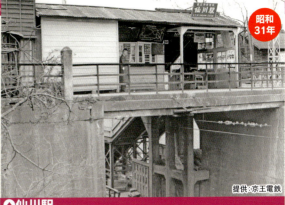

提供：京王電鉄

🔺仙川駅

武蔵野台地の端に駅があるため、駅舎は地上に、線路とホームは半地下の掘割の中にあった。この頃は島式ホーム1面2線だった。

提供：調布市郷土博物館

◀仙川駅

掘割の中に線路があるため、駅舎とホームを跨線橋で結んでいた。平成8年、単式ホーム2面2線に改められた。

提供：調布市郷土博物館

🔺地上駅舎時代のつつじヶ丘駅

昭和32年、駅名をつつじヶ丘に改称するとともに、待避線のある島式ホーム2面4線の駅に改良した。平成23年に橋上駅舎化した。

🚶 古地図探訪

仙川～つつじヶ丘駅付近

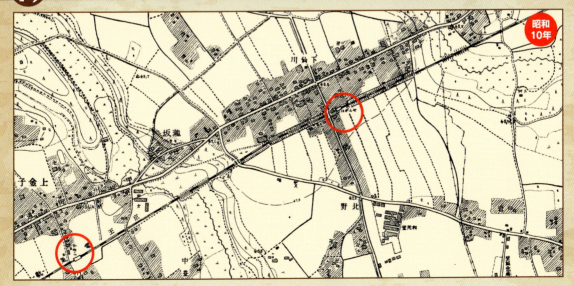

右上から左下にかけて甲州街道が走り、それと並行しながら京王電気軌道が走っている。甲州街道沿いにはまばらに人家が見られるが、道路から離れたところは手つかずのままの自然が残っていた。地図中央に「せんがは（仙川）」の駅があり、その南に「北野」という表記があるあたりに、現在は桐朋学園がある。左下の「かねこ」は今のつつじヶ丘駅。

Shibasaki St. / Kokuryo St. / Fuda St.

柴崎、国領、布田

3駅とも甲州街道の北側から移設された

昭和35年頃

【柴崎駅】
開業年	大正2(1913)年4月15日
所在地	東京都調布市菊野台2-67-11
キロ程	13.3キロメートル(新宿起点)
駅構造	地上駅
ホーム	2面2線
乗降人数	1万6996人

【国領駅】
開業年	大正2(1913)年4月15日
所在地	東京都調布市国領町3-18-1
キロ程	14.2キロメートル(新宿起点)
駅構造	地下駅
ホーム	1面2線
乗降人数	3万9046人

【布田駅】
開業年	大正6(1917)年
所在地	東京都調布市国領町5-67-1
キロ程	14.9キロメートル(新宿起点)
駅構造	地下駅
ホーム	1面2線
乗降人数	1万6006人

◎柴崎駅
相対式2面2線のホームをもち、改札口は下りホーム側が南口、上り線ホーム側が北口となっている。ホーム間は地下通路で連絡している。

昭和47年

◁柴崎付近を走る5000系
5000系は京王から引退後、富士急行、伊予鉄道、一畑電鉄、高松琴平電鉄など地方私鉄に譲渡された。

▷柴崎駅ホーム付近の6000系
都営新宿線内の各駅でも馴染みのあった6000系。京王の車両として初めて千葉県(本八幡駅)に入線した車両でもあった。

撮影:荻原二郎

　大正2(1913)年に開業した柴崎駅は甲州街道の北側にあったが、昭和2(1927)年に現在地に移動している。翌3年の新宿~東八王子間直通運転開始にそなえて、甲州街道の北側にあった金子(現・つつじヶ丘)、柴崎、国領、布田の各駅を移設したのだった。各駅停車のみが停車する地上駅で、下りホーム側に南口改札、上りホーム側に北口改札がある。

　国領も柴崎と同時に開業し、同時に移転している。駅名となった国領は、奈良時代から平安時代にかけて、朝廷の政庁が支配する国衙領があったことに由来するといわれている。駅名が北浦だった時期もある。かつては地上駅だったが、国領~調布間の地下化工事によって、平成24(2012)年に地下駅となった。これにともなって、駅周辺は再開発され、一帯は大変貌をとげた。各駅停車のみの駅としては、京王線随一の乗降者数を誇る。

　布の産地だったことから駅名がついた布田は、柴崎、国領より4年遅れて甲州街道の北側に開業したが、前記2駅と同時に現在地に移転している。従来の地上駅から地下駅化し、仮設の橋上駅舎を経て、平成24(2012)年に現在の地下駅となった。これに合わせてホームドアが導入されることになり、フルスクリーン式のものが採用された。

▲国領駅 〈昭和47年〉 撮影:荻原二郎

柴崎駅と同様に甲州街道の北側の位置に開業した。「北浦」駅と呼称された時期が、あったと記録されているが、詳細は不明である。

▲布田付近の旧甲州街道 〈昭和34年〉 提供:調布市郷土博物館

この付近の甲州街道は昭和29年にバイパス(現在の甲州街道)が完成し、新道と区別するために旧道は「旧甲州」と呼ばれるようになった。道路の幅は現在も当時のままである。

▲地上時代の国領駅 〈昭和34年〉 提供:調布市郷土博物館

昭和2年に移転してきた駅は相対式ホーム2面2線の地上駅になった。駅舎は狛江通りの踏切の脇にあり、しばしば「開かずの踏切」となって住民を困らせた。

◀地上時代の布田駅 〈昭和42年〉 提供:調布市郷土博物館

国領～調布間の連続立体交差化工事までは相対式ホーム2面2線の小さな地上駅だった。平成24年に地下化。

古地図探訪

柴崎～布田駅付近

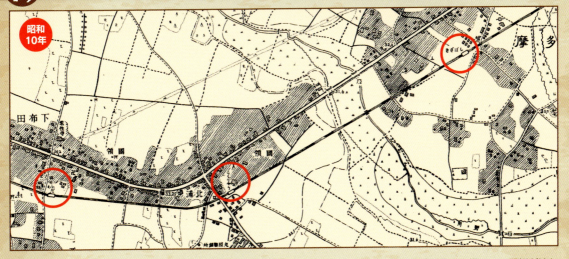

〈昭和10年〉

右上の「しばざき(柴崎)」駅と中央の「こくりゃう(国領)」駅の中間を、甲州街道と京王電気軌道を横切って野川が流れている。その流域は水田地帯だが、武蔵野の雑木林も随所に見られる。国領駅の北で甲州街道が西北に進路を変えているが、現在はここに調布警察署がある。左端に「ふだ(布田)」駅があるが、人家はあまり見られない。

Chofu St.
調布
ちょうふ

相模原線の分岐駅
調布飛行場や深大寺の最寄り駅

【調布駅】

開業年	大正2(1913)年4月15日
所在地	東京都調布市布田4-32-1
キロ程	15.5キロメートル(新宿起点)
駅構造	地下2階/地下3階
ホーム	1面2線/1面2線
乗降人数	11万5238人

昭和40年

提供:調布市郷土博物館

昭和35年

◀地上時代の調布駅

調布駅の北口は地上に改札口があった。平成24年までは島式ホーム2面4線の地上駅だったが、連続立体交差事業により地下駅になった。

▲地上時代の調布駅

駅開業後の大正5年に多摩川原(現・京王多摩川)へ分岐する駅となり、分岐をスムーズに行うために、平成24年に上下2層の地下駅になった。

提供:京王電鉄

昭和28年

提供:調布市郷土博物館

▶調布駅のホーム

多摩川原(現・京王多摩川)への分岐線カーブがきつかったため、昭和28年に駅を新宿寄りに移転し、島式ホーム2面4線の駅になった。

▶調布駅南口

南口と東口は地下に改札口があった。駅頭ではタクシーが客待ちをしている。

昭和43年

提供:調布市郷土博物館

　大正2(1913)年に開業した京王電気軌道の終着駅。駅開設当時は甲州街道の宿場町の面影が色濃く残っていた。大正5(1916)には多摩川原(現・京王多摩川)への分岐線が開通する。多摩川で採取する砂利の運搬を目論んでの分岐線敷設だった。ただ、きわめてきついカーブを描いて分岐していくのがネックになっていた。そこで、昭和28(1953)年に急カーブを解消する目的で、当初の駅を新宿寄りの現在地に移設した。その後、当駅を起点とする相模原線が続々と延伸し、平成2(1990)年には終点の橋本までの延伸を果たした。

　しかし、分岐駅としての課題は残ったままだった。京王線と相模原線が平面交差しているために、踏切の待ち時間が長いなどといった諸問題が解決されないままであった。そこで、調布駅の連続立体交差事業が浮上する。これは平面交差を解消するために、路線を移設し、駅舎を建て替えるというもので、平成16(2004)年に着工した。そして、平成24(2012)年には当駅が地下駅となり、京王線と相模原線の下りが地下2階、京王線の上りが地下3階という駅の構造になった。また、同年には柴崎〜西調布間と調布〜京王多摩川間が地下線となり、「開かずの踏切」といわれた調布1号踏切をはじめとする18ヵ所の踏切が全廃された。

昭和54年

▲調布駅北口駅前
北口側は電気通信大、桐朋学園大などがある文教地区で、駅前からは神代植物公園経由の吉祥寺駅行きや調布飛行場行きなどの各方面行きのバスが頻繁に発着している。

提供：調布市郷土博物館

昭和48年

▲調布駅南口駅前
旧甲州街道付近から見た調布駅南口。狭かった南口の道路も拡幅されつつある。写真右上の「緑屋」が現在の「調布パルコ」。

提供：調布市郷土博物館

▼調布飛行場（空撮）
写真は調布飛行場の北西側から撮影したもので、滑走路や格納庫が見える。飛行場の左側を天文台通りが走っている。飛行場の向こうの霞の中を多摩川が流れている。

🚶 古地図探訪　調布～西調布駅・京王多摩川駅付近

中央の「調布町」という表記の下に「てうふ（調布）」駅があり、そこから京王電気軌道が南に分岐して、「たまがはら（多摩川原）」に至っているのが見える。多摩川原（現・京王多摩川）駅前には「遊園地」という表記があり、京王閣の存在を示している。調布駅を囲むように桑畑が広がり、雑木林や水田も入り混じっている。左上に現在の西調布駅の「かみいしはら（上石原）」がある。

昭和10年

昭和60年

提供：東京都

昭和38年

◀調布駅ホームの2000系

東京地方では珍しい大雪の光景。当時はホーム全面に屋根の設置がなかったため、ホームの端では傘をさして待つ状況であった。

提供：J.WALLY HIGGING

昭和56年

提供：調布市郷土博物館

▲地上時代の調布駅

島式ホーム2面4線だった頃の調布駅で、きついカーブを描きながら相模原線が分岐していく。現在は地下駅化され、地下2階に下りホームが、地下3階に上りホームが設けられた。写真奥が西調布方面。

平成17年

提供：調布市郷土博物館

▲地上時代の調布駅

ダイヤ上の大きなネックであった相模原線上りと京王線下りの平面交差は地下線化により解消された。写真の風景も過去のものとなった。

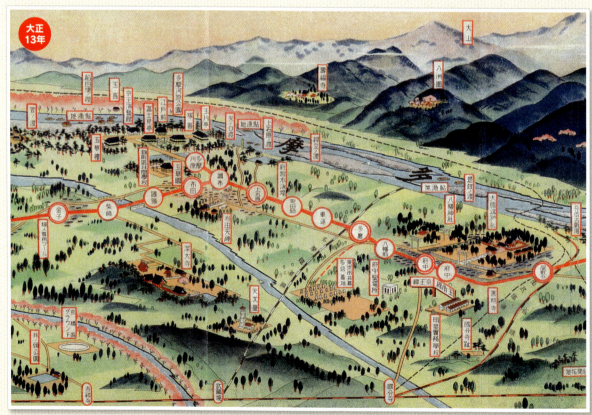

大正13年

金子（現・つつじヶ丘）〜屋敷分（現・分倍河原）間の沿線案内図。まだ東京競馬場はできていない。

26

Nishi-chofu St.
西調布
にしちょうふ

甲州街道の上石原宿があった地を
中央自動車道が横切っていく

【西調布駅】
開業年	大正5(1916)年9月1日
所在地	東京都調布市上石原1-25-17
キロ程	17.0キロメートル(新宿起点)
駅構造	地上駅(橋上駅)
ホーム	2面2線
乗降人数	1万6310人

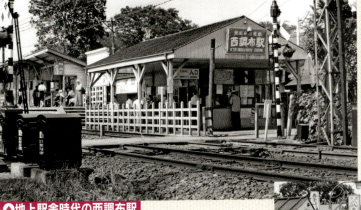

▲昭和35年頃

●地上駅舎時代の西調布駅
昭和34年に西調布駅に改称した駅舎は、上りホーム東端の地上部にあった。平成23年、相対式ホーム2面2線は橋上駅舎化された。

現在

◀現在の西調布駅
平成23年に橋上駅舎となり、北口はロータリーの整備が行われている。

▲昭和40年　提供：東京都

●関東村のゲート
昭和39年の東京オリンピック開催時、代々木にあった米軍施設と住宅(通称ワシントンハイツ)が選手村として使用されることになった。そのため代替地として調布飛行場周辺に移転してきた米軍施設や住宅地の総称が「関東村」と呼ばれた。

▲昭和38年

▶調布駅前の踏切
駅のすぐ脇を甲州街道に繋がる狭い道路が通っている。写真では対面通行だが、現在は甲州街道側からの一方通行になっている。

提供：調布市郷土博物館

　大正5(1916)年に上石原として開業した。駅名は甲州街道の宿場だった布田5宿(国領、下布田、上布田、下石原、上石原)のひとつである上石原宿からとられた。戦後、調布市の人口が増加し、当駅周辺の発展が目覚ましかったため、昭和34(1959)年に現在の駅名に改称した。駅の北側の甲州街道との間は、西調布駅前通り商店会や西調布一番街などの商店街になっており、南口には西調布南口商店街がある。北口の近くに江戸城を築城した太田道灌の弟である大田資忠が開山したと伝えられる源正寺がある。
　旧駅は調布寄りの上り線側にあった相対式ホーム2面2線の小さな地上駅だったが、平成23(2011)年に橋上駅舎化された。同時に、改札内のコンコースとホームを結ぶエレベーター、エスカレーター、北口と南口の地上部から改札までを結ぶエレベーターが設置された。
　中央自動車道の調布インターチェンジが近くにあり、ホームの西端の上を中央自動車道が横断している。当駅は京王線の連続立体交差事業の対象外であるため、独自に再開発事業が進められている。また、当駅からは天文台通り(都道境調布線)を経由して、調布飛行場や国立天文台三鷹キャンパス、味の素スタジアムなどへアクセスしている。

Tobitakyu St. / Musashinodai St. / Tama-reien St.
飛田給、武蔵野台、多磨霊園

飛田給から「味スタ」にアクセス
多磨霊園は都立多磨霊園の最寄り駅

【飛田給駅】

開業年	大正5（1916）年9月1日
所在地	東京都調布市飛田給1-42-11
キロ程	17・7キロメートル（新宿起点）
駅構造	地上駅（橋上駅）
ホーム	2面3線
乗降人数	2万4948人

【武蔵野台駅】

開業年	大正5（1916）年10月31日
所在地	東京都府中市白糸台4-18-4
キロ程	18.8キロメートル（新宿起点）
駅構造	地上駅
ホーム	2面2線
乗降人数	2万4584人

【多磨霊園駅】

開業年	大正5（1916）年10月31日
所在地	東京都府中市清水が丘3-26-11
キロ程	19.6キロメートル（新宿起点）
駅構造	地上駅（橋上駅）
ホーム	2面2線
乗降人数	1万2011人

◀**地上駅舎時代の飛田給駅**
橋上駅舎になる前は、相対式ホーム2面2線という構造で、駅舎はホームの北側にあった。2面3線となった現在、地上への出口は南北にある。

▶**地上時代の武蔵野台駅**
相対式ホーム2面2線の地上駅だったが、平成2年に橋上駅舎化された。改札口は2階にある。

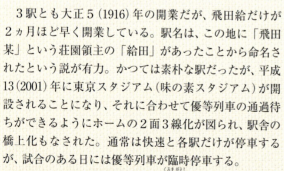

◀**多磨霊園付近の5000系**
大手私鉄には東武鉄道8000系のように代表格の車両が存在する（した）が、京王で言えば写真の5000系が該当すると思われる。

　3駅とも大正5（1916）年の開業だが、飛田給だけが2ヵ月ほど早く開業している。駅名は、この地に「飛田某」という荘園領主の「給田」があったことから命名されたという説が有力。かつては素朴な駅だったが、平成13（2001）年に東京スタジアム（味の素スタジアム）が開設されることになり、それに合わせて優等列車の通過待ちができるようにホームの2面3線化が図られ、駅舎の橋上化もなされた。通常は快速と各駅だけが停車するが、試合のある日には優等列車が臨時停車する。
　武蔵野台は開業時の駅名は車返だったが、昭和34（1959）年に武蔵野台に改称した。旧駅名は地名にちなんだもので、新駅名はこのあたりが武蔵野台地であることからとられた。相対式ホーム2面2線は以前と変わらないが、平成22（2010）年に橋上駅舎になった。当駅の西側へ徒歩10分ほどのところに西武多摩川線の白糸台駅がある。駅周辺では急速に宅地化が進んでいる。
　多磨霊園は多磨という駅名で開業し、昭和7（1932）年に市公園墓地前、同12（1937）年に現駅名に改称した。駅名が示すように、当駅は都立多磨霊園の最寄り駅として利用されている。ただし、駅から霊園までは1.5キロほど離れており、ほとんどの墓参者はバスを利用している。平成22（2010）年に橋上駅となり、南口を新設した。

▲車返付近の田園地帯を走る荷物電車
戦後になっても調布から先の沿線には田園風景が広がっていた。まだ新しい荷物電車は、ワインカラーのボディに白帯が鮮やかなデニ2901。

▲地上駅舎時代の多磨霊園駅
かつては寺院風の駅舎が特徴的だったが、駅舎改修によって姿を消した。平成22年に橋上駅舎となり、同時に南口を開設した。

◀地上駅舎時代の多磨霊園駅（改築後）
改札内の地下通路によって相対式ホームを連絡していたが、平成22年に橋上駅舎化され、従来の北口に加えて、新たに南口が設けられた。

古地図探訪　　西調布〜多磨霊園駅付近

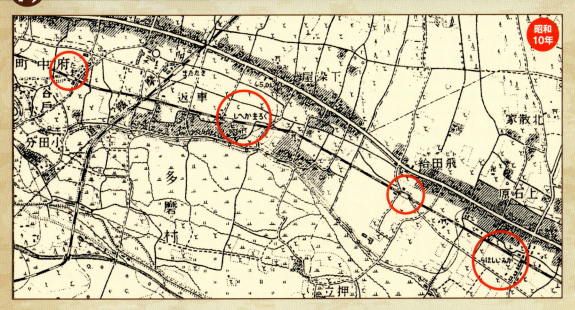

　右端の「かみいしはら」の西側の駅名は表記されていないが、地名表示から飛田給駅であることがわかる。次の駅の「くるまかへし（車返し）」は現在の武蔵野台駅。京王電気軌道がさらに西へ進むと、多摩鉄道（現・西武多摩川線）と交差したのちに「たま（多磨）」駅に到着する。現在の多磨霊園駅だが、この地図には墓地を示す記号はない。多摩鉄道にある「きたたま（北多磨）」駅は、現在の白糸台駅。甲州街道と京王電気軌道の両側には桑畑が多くみられ、南側を中心に水田が耕作されていたことがわかる。しかし、随所に雑木林が残っている。

Higashi-fuchu St. / Fuchukeiba-seimonmae St.
東府中、府中競馬正門前

東府中の北に府中の森公園
競馬開催時には新宿直行急行も

【東府中駅】

開業年	大正5(1916)年10月31日
所在地	東京都府中市清水が丘1-8-3
キロ程	20.4キロメートル(新宿起点)
駅構造	地上駅[橋上駅]
ホーム	3面4線
乗降人数	2万159人

【府中競馬正門前駅】

開業年	昭和30(1955)年4月29日
所在地	東京都府中市八幡町1-18
キロ程	0.9キロメートル(東府中起点)
駅構造	地上駅
ホーム	1面2線
乗降人数	3160人

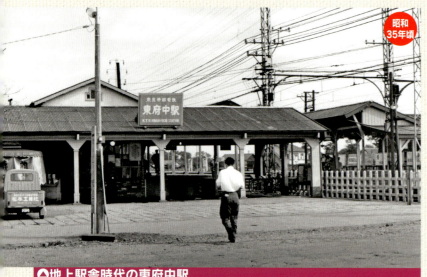

昭和35年頃

▲地上駅舎時代の東府中駅
相対式・島式ホーム3面4線を地下通路で結び、北側のホームが北口に、南側のホームが南口に直結していた。平成23年に橋上駅舎化した。

平成8年

◀東府中駅
もともとは「臨時競馬場前」という駅名であった東府中駅。現在の南口駅舎は屋根が全方にせり出している。

撮影：荻原二郎

昭和33年

▲東府中付近
東府中を出発して府中競馬正門前に向かうデハ2400形。まだ建物もなく緑地帯が広がっていた。

提供：J.WALLY HIGGING

▶東府中付近
競馬場線の区間運転用の14メートル車も一時期、京王のシンボルカラーのアイボリーに赤帯の塗装で運用されていた。写真はクハ231＋デハ221の2両編成。

昭和39年

提供：J.WALLY HIGGING

　東府中は大正5(1916)年に現在地よりも500メートルほど府中寄りに八幡前として開業した。その後、東京競馬場が開設されると、昭和10(1935)年に現在地に臨時競馬場前を開設し、同12年には八幡前を東府中に改称した。さらに、同15年に臨時競馬場前と東府中を合体させて、現在の駅名を名乗った。同30(1955)年には1駅区間の競馬場線が開業し、その分岐駅となった。相対式ホーム・島式ホーム3面4線の橋上駅で、競馬場線の2両編成しか入線しない1番線は、ホームの有効長が短くなっている。

　府中競馬正門前は昭和30(1955)年に現在の駅名で開業した。競馬場の正式名称である東京競馬場としなかったのは、当時の国鉄下河原線に東京競馬場前という名の駅があったため、あえて府中競馬という通称を採用したのだった。競馬場の正門までは屋根のある陸橋が架かっている。
　終点であるため頭端式ホームとなっており、1番線は線路の両側にホームがあるが、南側にある降車専用ホームは使用されていない。競馬開催日には新線新宿行きの列車も設定されている。

昭和60年

▲東京競馬場付近の空撮

昭和8年に開業した日本中央競馬会（JRA）が運営する競馬場。芝、ダート、障害の各コースがあり、日本ダービーやオークス、天皇賞（秋）、ジャパンカップなどのレースを開催している。京王の競馬場線が正面入口までアクセスしている。競馬場脇を中央自動車道が走っている。

昭和39年
撮影：荻原二郎

▲府中競馬正門前駅

開設当時の駅舎は改築されて、写真の駅舎とは反対側に移った。駅と競馬場は屋根付き陸橋で直結している。

現在

▲現在の東府中駅

現在の東府中駅から西寄り約500メートル地点に初代の東府中駅があった。大正5年の開業時は八幡前駅で昭和12年に東府中駅へと改称した。その2年前には現在の東府中駅の地に臨時競馬場前駅が開設されており、後の昭和15年に両駅を統合した。

古地図探訪　東府中駅と東京競馬場付近

地図右上に「ひがしふてう」とあるのは東府中駅で、すぐ北側の道路に「甲州街道」との表記が見える。これは現在の甲州街道ではなく、旧道を示している。まだ競馬場線は敷設されておらず、東府中駅前から競馬場に至る道路だけは通っている。競馬場の周囲は水田や桑畑、雑木林で、ほとんど人家はない。競馬場内には厩舎や下見所（パドック）、馬見所（スタンド）がある。

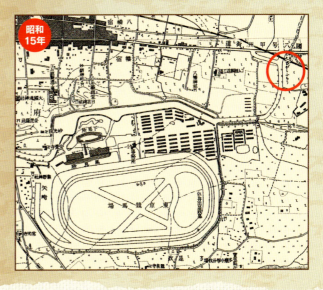

昭和15年

Fuchu St.

府中
ふちゅう

武蔵国の国府「武蔵府中」
その中心である大国魂神社の参道には
今も鬱蒼としたけやき並木が続いている

【府中駅】	
開業年	大正5(1916)年10月31日
所在地	東京都府中市宮町1-1-10
キロ程	21.9キロメートル(新宿起点)
駅構造	高架駅
ホーム	2面4線
乗降人数	8万5279人

▲地上時代の府中駅(昭和35年頃)
京王電軌と玉南電鉄が接続する主要駅だったが、地平時代の駅舎は周辺の商店街に埋没して見えた。平成5年に3層構造の高架駅になった。

▲地平時代の府中駅ホーム(昭和40年代)
以前の府中駅南口は庶民的な盛り場であった。北側は京王・玉南電気鉄道乗り換え当時の名残で貨物ホームと側線があったので改札口はなかった。

◀地上時代の府中駅(昭和40年代)
地上駅時代の昭和45(1970)年頃までは7両編成でもホームの有効長が足りず、下りは新宿寄り1両が締切扱いとなっていた。

▲府中駅北口(昭和39年)
駅の北側には貨物用の側線があり、改札口はなかったが、地下道を設けて北口駅舎を開設した。
撮影：荻原二郎

　京王電気軌道が調布〜府中間を開業した大正5(1916)年に終着駅として開設された。駅名は武蔵国の国府である府中が採用された。また、同14(1925)年に玉南電気鉄道が府中〜東八王子間を開業すると、当駅は京王電軌と玉南電鉄の乗り換え駅となる。さらに、昭和2(1927)年に京王電軌が玉南電鉄を合併して、府中〜東八王子間を京王電軌と同じ軌間に改軌すると、同3(1928)には新宿追分〜東八王子間の直通運転を開始した。これによって、当駅は中間駅となったが、当駅で折り返す列車も多かった。
　昭和56(1981)年、高架化工事に着手する。平成元(1989)年には下り線が高架化されるが、上り線は地上にあるという変則的なものであった。ようやく上り線が高架化されたのは同3(1991)年になってからで、高架駅になったのは同5(1993)年のことだった。高架駅は3層構造で、2面4線の島式ホームは最上階に設けられた。ホームの1階下が改札階で、改札階を出ると南北にペデストリアンデッキが延びている。北口側のペデストリアンデッキは周辺のビルやバスターミナルに、南口側のペデストリアンデッキは複合商業ビル「フォレストサイドビル」などに繋がっている。当駅の乗降者数はまったく接続駅のない途中駅では最多となっている。

🎈 府中駅付近の空撮

左下から右上に延びているのが甲州街道、真ん中を走っているのが旧甲州街道で、その間を京王線が西に向かって走っている。右手の鬱蒼とした森の中には大国魂神社があり、門前からはけやき並木が甲州街道を突っ切って延びている。並木の東側に府中駅がある。

古地図探訪

東府中～分倍河原駅付近

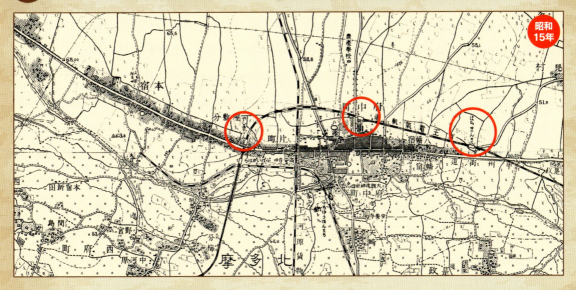

地図上では京王電気軌道が「はちまんまへ（八幡前）」駅の手前から甲州街道の北側に出ているが、この甲州街道は旧道を示している。八幡前駅はのちに臨時競馬場前駅と統合されて東府中駅となった。府中駅から隣の分倍河原駅にかけての甲州街道沿線は人家が集中している。府中駅の西側で国鉄下河原貨物線と交差し、分倍河原駅付近で国鉄南武線と交差している。京王電気軌道は分倍河原駅から南下して「なかがはら（中河原）」駅に至る。

Bubaigawara St.
分倍河原
ぶばいがわら

新田義貞が鎌倉幕府軍と戦った
分倍河原古戦場にちなんだ駅名

【分倍河原駅】

開業年	大正14(1925)年3月24日
所在地	東京都府中市片町2-21-18
キロ程	23.1キロメートル(新宿起点)
駅構造	高架駅
ホーム	2面2線
乗降人数	8万9249人

昭和35年頃

昭和57年

◎**分倍河原付近**
昭和38(1963)年の昇圧とともに登場した5000系は特急運転の主力として活躍。洗練されたデザインで人気を博した。

◎**分倍河原駅**
京王線と国鉄南武線が上下で交差する北東側に駅舎があり、構内は複雑な構造になっていた。その後の改装で乗り換えがスムーズになった。

▶**分倍河原駅と高層鉄柱**
京王電氣の配電事業の名残であり、戦後は東京電力の高圧送電線となっていた。高層鉄柱が美しく京王の名物であった。

平成元年

◎**分倍河原駅**
JR南武線と交差する接続駅で、駅舎は交差上北東側の崖上にある。共同使用駅だが、出改札は京王が行っている。

撮影:荻原二郎

昭和37年

撮影:小川峯生

　大正14(1925)年に玉南電気鉄道が府中〜東八王子間を開業したのと同時に、屋敷分として開設された。駅名は当時の地名である屋敷分村からとられた。玉南電鉄は路線を多摩川の南岸に敷設したため、起点の府中から屋敷分に向けて大きく南下している。開業の翌年には、京王電軌が玉南電鉄を合併し、京王電軌の駅となった。さらに、昭和3(1928)年に駅名を分倍河原に改称する。新しい駅名は鎌倉幕府を倒すために挙兵した新田義貞と、鎌倉幕府方の北条泰家が戦った分梅古戦場(分倍河原古戦場)があったという史実に基づいている。
　この駅名改称と同じ日に、南武鉄道(現・JR南武線)の終着駅として屋敷分が開業した。そして翌4年、京王電軌が南武鉄道と連絡するために駅を移動すると、その年に南武鉄道が立川まで延伸し、それを機に南武鉄道も分倍河原に駅名を改称した。この時からふたつの路線を連絡する駅としての機能が始まっている。ただし、南武線が立川崖線の下を東西に走っているのに対し、京王線はそれとほぼ直角に交わるように崖上を走っていることから、駅は複雑な構造になっている。JRとの共同使用駅だが、出改札は京王電鉄が行っており、JRの駅員は配置されていない。平成25(2013)年からは特急の停車駅となった。

Nakagawara St.

中河原
なかがわら

高架下を鎌倉街道が南下していく
多摩川の沿岸には緑地が広がる

【中河原駅】

開業年	大正14（1925）年3月24日
所在地	東京都府中市住吉町2-1-16
キロ程	24.7キロメートル（新宿起点）
駅構造	高架駅
ホーム	2面2線
乗降人数	2万4694人

昭和39年

撮影：荻原二郎

◆地上時代の中河原駅
昭和30年代に砂利運搬のための引込み線が撤去され、昭和49年に高架駅となった。駅の西側で鎌倉街道と立体交差している。

現在

◀現在の中河原駅
駅舎は昭和49年に相対式ホーム2面2線の高架駅になったが、平成16年にリニューアルされた。

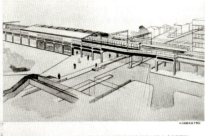

昭和47年

◆中河原駅高架化のポスター
京王帝都電鉄が中河原駅を高架化することを告知するポスター。昭和49年3月の完成を謳っているが、完成したのは同年7月だった。

昭和37年

撮影：小川峯生

▶単線時代の多摩川橋梁
単線時代の風景であるが、この当時は、複線化の用地と橋台・橋脚はは準備されいた。その後、昭和30年代末に複線化工事が行われた。

　玉南電気鉄道の開業と同時に開設された駅で、駅名には所在地のかつての地名が採用された。昭和元（1926）年には京王電気軌道の駅となっている。同8（1933）年、それまでは多摩川原（現・京王多摩川）から多摩川の砂利を運搬していたが、砂利が枯渇してしまったために当駅の西側に新しい砂利採掘場と引込み線、トロッコ線をつくり、電動貨車に積み替えて搬送するようになった。しかし、昭和30年代にはダンプカーによる輸送が主力となり、引込み線は撤去されて砂利運搬駅としての使命を終えた。

　また、多摩川橋梁のある当駅～聖蹟桜ヶ丘間は戦後になっても単線区間のままだったが、昭和39（1964）年によ うやく複線化された。多摩川橋梁は玉南電鉄開業時から将来の複線化を想定した設計になっていたため、複線化のためのスペースや橋脚などはあらかじめ用意されていた。さらに、当駅の西側は鎌倉街道の踏切となっており、モータリゼーションの発達とともに渋滞を引き起こすネックとなっていた。それを解消するために、同49（1974）年に鎌倉街道と京王線を立体交差する高架駅になった。これによって、府中と多摩ニュータウンを結ぶ鎌倉街道の流れは見違えるほどスムーズになった。区間急行、快速、各停が停車する。

Seiseki-sakuragaoka St. / Mogusaen St.
聖蹟桜ヶ丘、百草園

駅の南東に「旧多摩聖跡記念館」
梅の名所「百草園」への玄関口

【聖蹟桜ヶ丘駅】

開業年	大正14(1925)年3月24日
所在地	東京都多摩市関戸1-10-10
キロ程	26.3キロメートル(新宿起点)
駅構造	高架駅
ホーム	2面2線
乗降人数	6万4893人

【百草園駅】

開業年	大正14(1925)年3月24日
所在地	東京都日野市百草209
キロ程	28.0キロメートル(新宿起点)
駅構造	地上駅(橋上駅)
ホーム	2面2線
乗降人数	7524人

◎地上時代の聖蹟桜ヶ丘駅(昭和35年頃)

駅前に京王が開発した桜ヶ丘団地の看板が立っている。乗降者増によって、昭和44年という早い段階で高架駅になった。

◎現在の聖蹟桜ヶ丘駅

昭和44年に高架駅となり、同61年には駅に直結する「京王聖蹟桜ヶ丘ショッピングセンター」がオープンしている。

◎地上駅舎時代の百草園駅(昭和35年頃)

小屋掛けのような質素な駅だったが、平成22年に橋上駅舎化された。

◎現在の百草園駅

平成22年に完成した新しい橋上駅舎である。

　聖蹟桜ヶ丘は玉南電気鉄道の駅として、関戸という駅名で開設されたが、昭和12(1937)年に現在の駅名に改称している。明治天皇の御狩場への行幸を記念する多摩聖蹟記念館が開館したことをきっかけに、付近の地名と組み合わせて新駅名とした。当初は水田地帯の中にある小さな駅だったが、戦後になって急速な発展をとげていく。昭和39(1964)年、駅所在地の南多摩郡多摩村は多摩町に、同46(1971)年に多摩市になり、多摩ニュータウンの建設や宅地開発による人口増を受けて、多摩市北部の主要駅へと上りつめた。相模原線が延伸するまでは、多摩ニュータウンへの最寄り駅だった。現在、駅周辺には京王電鉄本社をはじめとするオフィスビルや商業施設が密集している。昭和44(1969)年に高架駅化され、全列車が停車する。

　百草園は玉南電鉄の他の駅と同時に開設されたが、当初の駅名は地名から百草と称していた。昭和12年に江戸時代から梅の名所として知られている庭園の百草園にちなんで改称した。昭和50年代まではのどかな田園地帯にある小さな駅だったが、周辺の宅地化が急速に進められたため、ホームの延伸を重ねるとともに、平成22(2010)年には南北を自由通路で結ぶ橋上駅となった。特急、準特急、急行は停車しないが、区間急行、快速、は停車する。

▲聖蹟桜ヶ丘駅付近の空撮

京王線は隣駅の中河原から多摩川を渡って聖蹟桜ヶ丘に向かう。多摩川鉄橋は昭和39年に複線化された。戦前は水田地帯だった多摩川南岸だが、戦後は駅周辺が急速に都市化して高層ビルが林立し、宅地が広がるようになった。

古地図探訪

聖蹟桜ヶ丘駅周辺付近

地図の最上部で、南下してきた京王電気軌道が西進しようとしたところに「せいせきさくらがおか（聖蹟桜ヶ丘）」という駅名が見える。線路と平行して走っているのが川崎街道で、東側でそれと交差しているのが鎌倉街道。駅の周辺は一面の水田地帯で、南側と西側には多摩丘陵が広がっている。地図右上に多摩川、地図左に大栗川が流れている。

Takahatafudo St.

高幡不動

【高幡不動駅】	
開業年	大正14(1925)年3月24日
所在地	東京都日野市高幡139
キロ程	29.7キロメートル(新宿起点)
駅構造	地上駅(橋上駅)
ホーム	3面5線
乗降人数	5万8203人

2社3路線が接続し、検車区もある
高幡不動尊として知られる金剛寺が近い

◎改築前の高幡不動駅（昭和35年頃）
多摩動物公園が開園すると、当駅からバスで連絡していたが、昭和39年には動物園線が開通する。

◎高幡不動駅構内（昭和39年）
手狭になった桜上水車庫に代わって、高幡不動の車庫の重要度が増し拡充が図られた。左側に多摩動物園線新設工事の告知の看板が立てられている。
撮影：荻原二郎

▷改築後の高幡不動駅
動物園線の開業とともに近代的な駅に改築した。

◎高幡不動駅ホーム（平成8年）
5000系終焉時のスナップ。まさに京王の一時代を築いた車両と言っても過言ではない。その後、多数が地方私鉄に譲渡された。
撮影：荻原二郎

撮影：荻原二郎

　玉南電気鉄道の開業時に、地名から高幡という駅名で開設され、駅に隣接する形で車庫も設けられた。駅は現在よりも少し西側にあった。昭和12(1937)年に近くにある「高幡のお不動さん」にちなんで、現在の駅名に改称している。戦後は周辺の宅地化が進み、乗降者数はうなぎ登りとなった。昭和39(1964)年には当駅を起点とする多摩動物公園線（現・動物園線）が開通した。これに合わせて、駅を現在地に移転している。多摩動物公園は昭和33(1958)年の開園で、動物園線が開業するまではバスを運行していた。

　平成12(2000)年には多摩都市モノレール線の立川北～多摩センター間が開業し、多摩モノレール線の駅が開設された。しかし、当初は当駅と多摩モノレールの駅舎は離れており、乗り換えには不自由を余儀なくされていた。そこで、当駅の橋上駅舎化と新たに自由通路を設けることになり、それに先立って京王高幡ショッピングセンターを改築して多摩モノレールの駅との直結を図った。平成18(2006)年に当駅の橋上駅舎化が完成し、翌年にはショッピングセンターの改築が完了したことから、当駅と多摩モノレールの駅、ショッピングセンターが直結することになった。すべての列車が停車する主要駅で、隣接して高幡不動検車区がある。

▲高幡不動駅の構内

昭和39年に動物園線を開業したことによって、左のホームを動物園線、中央のホームを京王線下り、右のホームを京王線上りが使用するようになった。

撮影：荻原二郎

▲現在の高幡不動駅

駅舎が橋上化された翌年の平成19年、駅に直結する「京王高幡ショッピングセンター」と多摩都市モノレールの駅が開業した。

▽高幡不動駅付近の空撮

写真の奥を多摩川が、その手前を支流の浅川が流れている。浅川の南岸近くには都営新井団地の棟々が白く光っている。写真右下の白い建物が高幡不動駅。

古地図探訪　　高幡不動駅付近

京王電気軌道が再び西に向かうと「たかはた（高幡）」駅に至る。駅は北側を流れる多摩川の支流・浅川と南側を走る川崎街道に挟まれている。線路の北側には水田や桑畑が見られるが、南側は丘陵地帯になっている。高幡不動尊の表記が見られる。

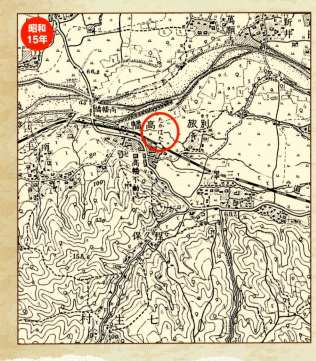

提供：東京都

◆開業当時の高幡駅駅舎

大正14年

高幡不動駅(当時は高幡駅)開業当時の駅舎。洋風のモダンな駅舎だったが、駅前は未舗装である。高幡不動尊境内には「玉南電気鉄道記念之碑」が建てられている。

所蔵:白土貞夫

◆高幡不動駅ホームの懐かしい光景

右側に220形の動物園線の線内列車が、左は急行運用の5000系が停車している。220形のお別れ運転は昭和44(1969)年9月に動物園線で行われた。

現在

◆高幡不動検車区

交通の要衝、高幡不動駅の北側に、駅を境にして東西に延びた敷地を拡げる高幡不動検車区。現在は7000系、8000系、9000系が配置されている。

昭和40年

大正13年

中河原～北野間の沿線案内図。浅川沿いに西進している様子がわかる。

Tama-dobutsukoen St.
多摩動物公園

広大な敷地の多摩動物公園に隣接
人気の「京王れーるランド」を併設

【多摩動物公園駅】

開業年	昭和39(1964)年4月29日
所在地	東京都日野市程久保3-36-39
キロ程	2.0キロメートル(高幡不動起点)
駅構造	地上駅
ホーム	1面2線
乗降人数	6539人

▲多摩動物公園駅のホーム
ホームの駅名標の両脇に立って乗客を出迎える動物たち。

昭和39年

撮影：荻原三郎

▲220形4両編成
14m小型車を改造した220形はアイボリーに塗装され動物園線でお別れ運転を行った翌日、競馬場線での運転を最後に長い歴史に終止符を打った。

▲多摩動物公園駅
開業時は2面3線のホームの両側に降車ホームをもつ駅で、多客期に対応していたが、現在は頭端式ホーム1面2線に改められている。

平成8年
撮影：荻原三郎
◀デハ2400形の展示
車両展示スペースに保存されている京王線おなじみのデハ2400形の2410号。

昭和40年頃
提供：日野市郷土資料館
▲多摩動物公園
多摩動物公園は動物が自由に動ける動物園として昭和33年に開園し、大人気を博した。

昭和40年頃
提供：日野市郷土資料館
▲ライオンバス
多摩動物公園の一番人気ともいえたのが、昭和39年に運行を開始した「ライオンバス」であった。

　多摩動物公園線(現・動物園線)が開業した昭和39(1964)年に多摩動物公園の正門前に開設された。京王電鉄は多摩動物公園線の開通で新宿～多摩動物公園間を36分で結ぶことを高々と謳い上げた。当初は多客期に備えた幅広いホームの2面3線だったが、現在は頭端式ホーム1面2線となっている。かつては降車用ホームもあったが、撤去されて現在は跡形もない。通常の動物園線は4両編成で線内を折り返すワンマン運転をしており、2番線から発着している。新宿からの直通列車は1番線に入線する。
　駅周辺で宅地化が進んだことと、中央大学や明星大学などが移転してきたこともあって、動物園の利用者だけではなく、通勤通学客の利用も目立つようになった。ただ、平成12(2000)年に高幡不動～多摩動物公園間を動物園線と並走する多摩都市モノレールの同名の駅が隣接して開業すると、多摩都市モノレール線に各大学の最寄り駅ができたため、学生の利用は減った。同25(2013)年には京王の車両展示などをする「京王れーるランド」がリニューアルオープンし、鉄道マニアや家族連れなどで賑わいをみせている。かつては駅前広場の車両展示スペースにあったデハ2400形の2410号が保存展示されている。

Minamidaira St. / Hirayamajoshi-koen St.
南平、平山城址公園

浅川と丘陵地に挟まれている南平
野猿峠への登山口が平山城址公園

【南平駅】	
開業年	大正15(1926)年4月28日
所在地	東京都日野市南平6-9-31
キロ程	32.1キロメートル(新宿起点)
駅構造	地上駅(橋上駅)
ホーム	2面2線
乗降人数	1万784人

【平山城址公園駅】	
開業年	大正14(1925)年3月24日
所在地	東京都日野市平山5-18-10
キロ程	33.4キロメートル(新宿起点)
駅構造	地上駅
ホーム	2面2線
乗降人数	8820人

昭和35年頃

▽地上駅舎時代の南平駅
駅舎が平山城址公園側にある素朴な小駅だったが、ベットタウン化が進み、地下に改札口を設けたのち、平成23年に橋上駅舎となった。

現在

◁現在の南平駅
バリアフリー化などの改良工事によって平成23年に橋上駅舎化され、改札口は平山城址公園側に設けられた。

▽南平駅ホーム
当時は閑散とした駅であったが、周辺の開発が進み乗降客が増加するとホームの延伸、駅舎の改築等などで、のどかさは消えた。

昭和39年

撮影:荻原二郎

　南平は玉南電気鉄道が開業してから1年後に、北野街道と多摩川の支流である浅川の間の平村に開設された。郡内の北部に同名の村があったため、南の平村ということで駅名になったという。あたりには小さな集落しかない小さな駅で、今では想像もできないほどのどかであった。戦後の高度経済成長期に多摩丘陵の開発が急速に進むのに合わせて駅周辺も開発され、乗降者が急増していく。それにともなってホームが延伸され、駅舎が地下化された。その後、橋上駅舎化が図られ、平成22(2011)年に新しい橋上駅舎とバリアフリー化が完成した。区間急行、快速が停車する。

　平山城址公園は開業時に平山として開設されたが、昭和30(1955)年に現駅名に改称された。前年に野猿峠ハイキングコースに平山城址公園が開園したのにちなんでの改称だった。駅の所在地は日野市だが、平山城址公園は八王子市にまたがる。当駅の周辺も急速な開発による都市化が進み、昭和51(1976)年には駅舎を現在地の南平寄りに移転し、地下道を設けている。駅舎は1番線ホーム側にあり、1番線ホームと2番線ホームは、現在も地下道で結ばれている。東京薬科大学八王子キャンパスの最寄り駅であることから、学生の利用が目立つ当駅も区間急行、快速が停車する。

昭和30年代

平山城址公園
昭和29年に京王が平山ゴルフ場跡に開園した公園で、園内には500本もの桜がある桜の名所。湧水を集めた猿渡の池や展望台もある。
撮影：清水正之

昭和35年頃

平山城址公園
昭和51年に現在地に移転する前の駅舎。小さな駅だったが、野猿峠ハイキングコースを訪れる行楽客などで賑わっていた。

現在

平山城址公園駅
駅舎は下り線ホーム側にあり、相対式2面2線のホームは地下道とエレベーターで連絡している。

古地図探訪　南平～平山城址公園駅付近

高幡不動駅を出た京王電気軌道は南西に進路をとり、JR中央線と並行しながら進む。「みなみたひら（南平）」駅の北西部に浅川を挟んで国鉄豊田駅が見えている。低地の浅川沿いは水田が広がるが、中央線沿線は桑畑が目立つ。地図左下の平山城址公園駅は丘陵地帯のふもとに位置している。駅南の丘陵に平山城址公園がある。

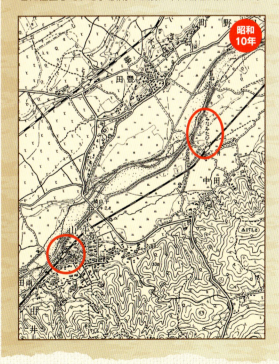

昭和10年

Naganuma St. / Kitano St.

長沼、北野
浅川と湯殿川の合流点にある長沼
北野天満社から駅名をとった北野

【長沼駅】

開業年	大正14（1925）年3月24日
所在地	東京都八王子市長沼町700
キロ程	34.9キロメートル（新宿起点）
駅構造	高架駅
ホーム	2面2線
乗降人数	4027人

【北野駅】

開業年	大正14（1925）年3月24日
所在地	東京都八王子市打越町335-1
キロ程	36.1キロメートル（新宿起点）
駅構造	高架駅
ホーム	2面4線
乗降人数	2万2081人

昭和35年頃

昭和63年

▲高架工事中の長沼駅
当駅と北野駅間に国道16号バイパスの整備が計画されたことをきっかけに昭和58（1983）年から高架化工事が開始された。

▲地上時代の長沼駅
水田地帯の中に設けられた小駅のまま戦後の高度経済成長期を迎え、瞬く間に市街地化していった。平成2年に高架駅になった。

現在

▶北野駅ホーム
現在の2面4線の高架ホームからは想像もつかない約半世紀前のホーム風景。言わずもがな開業時は京王ではなく玉南電気鉄道の駅であった。

◀現在の北野駅
平成2年に高架駅になり、駅舎内に「京王リトナード北野」が入居した。

昭和42年

撮影：荻原二郎

　長沼は浅川と湯殿川の合流地点にあり、あたりが長い沼だったことから駅名に採用された。大正14（1925）年の開業時から戦後まで、駅周辺には水田が広がっていたが、高度経済成長にともなって急激に市街地化されていった。駅は開業以来地上駅だったが、当駅〜北野間に連続立体高架化工事が施され、平成2（1990）に高架駅となった。高架線上からはかつての田園風景は見られず、宅地の広がりばかりが目に飛び込んでくる。また、当駅は高尾線の各駅よりも乗降人数が少ない。

　近くにある京都の北野天満宮を勧請したと伝えられる天満社から駅名がつけられた北野は、玉南電気鉄道の開業時に開設された。そして、昭和6（1931）年に当駅〜多摩御陵前間の御陵線が開通すると、分岐駅となる。御陵線は同20（1945）年に休止となるが、同42（1967）に御陵線の一部を利用した高尾線の当駅〜高尾山口間が開業すると、今度は高尾線の分岐駅となった。同45（1970）年には単線区間だった当駅〜京王八王子間が複線化され、平成2（1990）年には連続立体高架化事業によって高架駅となった。ただ、京王線と高尾線が当駅の西側で平面交差しているため、高尾線からの列車が入線している間は京王線の列車は発車できない（逆も同様）。全列車が停車する主要駅として、近年はその重要度を増している。

昭和64年

◎北野駅付近の空撮

中央を横切っているのが京王線で、高架の北野駅が見えている。駅前に大きなグラウンドが2面あるが、八王子市立の小学校と中学校のもの。その向こうには日本水産の八王子総合工場がある。左側で京王線の高架を潜っているのが国道16号（八王子バイパス）。

昭和35年頃

◁地上駅舎時代の北野駅

昭和6年に御陵線が開通すると、分岐駅になった。昭和42年に高尾線が開業すると、再び分岐駅に。平成2年には2面4線の高架駅になった。

▽地上駅舎時代の北野駅

昭和45年に北野〜京王八王子間が複線化され、北野駅の重要度がさらに増した。

昭和63年

◁北野駅北口ロータリー

北口駅前は大きなロータリーになっており、商業施設などが囲んでいる。京王バスの路線バスが発着する。

昭和63年

Keio-hachioji St.
京王八王子
けい おう はち おう じ

「けいはち」の略称でJRの駅と区別
市内随所に宿場町、織物の町の面影がある

【京王八王子駅】	
開業年	大正14(1925)年3月24日
所在地	東京都八王子市明神町3-27-1
キロ程	37.9キロメートル(新宿起点)
駅構造	地下駅
ホーム	1面2線
乗降人数	5万7675人

▶京王八王子駅 現在
平成6年に完成した駅ビルには「京王八王子ショッピングセンター」が入居している。

昭和35年頃

昭和61年
提供：八王子市
○京王八王子駅
空襲で焼失した後はバラック造りの駅舎だったが、昭和38年に新しい駅になった。駅前道路も整備された。

○東八王子駅
八王子への空襲で焼失した駅舎は、戦後もバラック造りのまま駅としての役割を果たしていた。移築し、京王八王子という駅名になるまで活躍した。

▶京王八王子駅前
八王子市の都市計画によって、駅前の道路が拡張され、始終着駅らしい威厳を備えてきた。

昭和39年
○移築後の京王八王子駅
昭和38年に東八王子駅を北野寄りに移築し、駅名も京王八王子に改めたのを機に、ホーム上屋を建設するなどの改良が加えられた。

昭和61年
提供：八王子市

　大正14(1925)年に玉南電気鉄道の終着駅・東八王子として、甲州街道に面した明神町で開業した。府中から先の路線は甲州街道から離れていたが、再び甲州街道に戻った形になる。終着駅とはいっても、当時はごく小さな駅でしかなかった。それも昭和20(1945)年の八王子空襲で焼失し、その後はバラックのような粗末な駅舎が長く続いた。同38(1963)年、八王子市の都市計画によって駅舎を北野寄りに200メートルほど移転して、現在の駅名に改称する。それ以来、利用者からは「けいはち」の略称で呼ばれるようになった。JR八王子駅とは400メートルほど離れている。

　昭和45(1970)年には京王線最後の単線区間だった北野〜当駅間が複線化し、新宿〜当駅間の複線化が完成した。また、平成元(1989)年に地下駅化されたことによって、京王線全線の20メートル車10両編成対応が完了した。さらに、同6(1994)年に駅の地上部分に駅ビルのKEIO21が開業するが、同11(1999)年に京王八王子ショッピングセンター(愛称はK-8)に改称して現在に至っている。これまで何度もJR八王子への乗り入れプランが浮上したが、その都度さまざまな理由から実現に至っていない。確保してあった用地は、京王バスの車庫を経て、京王プラザホテル八王子になっている。

京王八王子駅 （昭和63年）

平成元年に地下駅化されるまでも駅舎は繰り返し改装され、格段に利便性がよくなった。この頃には駅周辺にもビルが目立つようになってきた。

提供：八王子市

複線化後の京王八王子駅ホーム （昭和58年）

昭和45年に北野～京王八王子間が複線化され、京王線は全線複線となった。

京王八王子駅のホーム

終着駅らしからぬ簡素な島式ホーム1面2線。まだ、単線の時代だった。

古地図探訪　長沼～京王八王子駅付近

地図右下の「ながぬま（長沼）」駅から「きたの（北野）」駅を経由し、国鉄横浜線をかすめるように北上して国鉄中央線を横断し、終点の「ひがしはちおうじ（東八王子）」駅（現・京王八王子駅）に到達する経路が見て取れる。東八王子駅の北側を甲州街道が西進しており、その北側に「女学校」という表記がある。かつての府立第四高等女学校で、現在は都立南多摩高校になっている。

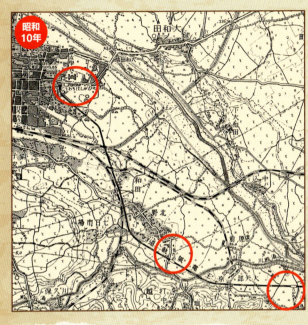

昭和10年

昭和39年

撮影：荻原二郎

国鉄八王子駅付近の空撮

北口側から俯瞰した八王子駅周辺。駅前には昭和46年に「丸井」が出店している（平成16年に閉店）。駅の左下のバス駐車場は京王プラザホテル（平成6年開業）に。京王八王子駅は写真外の左側になる。

昭和49年

提供：朝日新聞社

Keio-katakura St. / Yamada St.
京王片倉、山田

御陵線当時の鉄橋がある京王片倉
古刹「山田の広園寺」が駅名に

【京王片倉駅】

開業年	昭和6（1931）年3月20日（御陵線開業日）
所在地	東京都八王子市片倉町34-9
キロ程	1.7キロメートル（北野起点）
駅構造	地上駅
ホーム	2面2線
乗降人数	4652人

【山田駅】

開業年	昭和6（1931）年3月20日（御陵線開業日）
所在地	東京都八王子市緑町434
キロ程	3.2キロメートル（北野起点）
駅構造	地上駅（橋上駅）
ホーム	2面2線
乗降人数	4995人

◆京王片倉駅　昭和42年
休止中の御陵線片倉駅から、昭和42年に高尾線の京王片倉駅として復活を果たした。下り線の鉄橋は御陵線時代のものを使用している。
撮影：山田虎雄

◆京王片倉駅ホーム　昭和42年
もと井の頭線のデハ1400形が停車している。高尾線運転用に改軌の上、京王線区に転入してきた。
撮影：荻原二郎

◆山田駅　昭和42年
昭和42年、高尾線の山田駅として再度開業した。線路は掘割の中を走っている。
撮影：山田虎雄

◆京王片倉駅
京王とストレートにJR駅に乗り換えが可能な駅は新宿、渋谷、吉祥寺、分倍河原、高尾、橋本で、八王子駅、稲田堤駅、片倉駅へは徒歩で移動する必要がある。

昭和63年
提供：八王子市

　昭和6（1931）年、京王電気軌道が御陵線を開業したのにともなって、片倉という駅名で開設された。ところが、御陵線は同20（1945）年に不要不急路線ということで休止になり、駅も休止となった。その後、同42（1967）年に京王帝都電鉄が北野〜高尾山口間を開業すると、国鉄横浜線の片倉との混同を避けるために、駅名に京王を冠して現在の駅名を名乗って復活した。駅は傾斜地に立地しているため、高尾山口寄りの線路は地平に、北野寄りの一部は高架状になっている。また、駅の東側で国道16号がアンダークロスしているが、これを跨ぐ下り線の鉄橋は御陵線を開業した当時のものを使用している。特急、急行は停車しないが、そのほかの列車は停車する。

　山田も京王片倉と同じような流転の歴史を持つ。駅が休止していた昭和39（1964）年、やはり休止扱いだった御陵線の当駅〜多摩御陵前間が正式に廃止となった。それから3年後、同42年に高尾線の開通によって、かつてと同じ駅名で復活をとげる。駅は小比企丘陵の北端にあり、線路は掘割の中を走っていることから、駅舎は橋上駅舎のように見えるが、地上駅である。沿線の各駅同様に周辺の宅地化が進んでいるが、小比企丘陵にはまだ豊かな緑が残っている。京王片倉同様に準特急、区間急行、快速が停車する。

北野〜東八王子間の沿線案内図。両駅間で中央線と交差している。八王子の街の賑わいが伝わってくる。

🚶 古地図探訪

京王片倉〜めじろ台駅付近

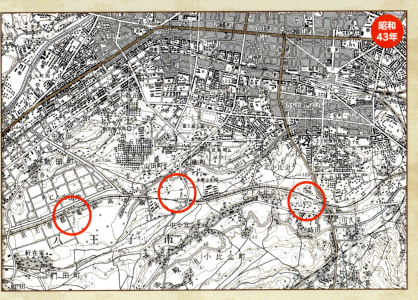

　地図を横切って走っているのが京王帝都電鉄高尾線で、右側に見える駅は京王片倉駅。駅の東側を国道16号が南北に走っている。さらに右端から京王線が中央線を越して八王子に達しているのがわかる。また、京王片倉駅の南に国鉄横浜線も見えている。

　高尾線の中央の駅は山田駅で、駅の北側を山田川が、南側を湯殿川が流れている。湯殿川の南東側は小比企丘陵となっている。地図左では、すでにめじろ台住宅地が造成されており、めじろ台駅も確認できる。

Mejirodai St. / Hazama St.
めじろ台、狭間

京王の分譲地が駅名になっためじろ台
東京工業高等専門学校がある狭間

【めじろ台駅】

開業年	昭和42(1967)年10月1日
所在地	東京都八王子市めじろ台1-100-1
キロ程	4.3キロメートル(北野起点)
駅構造	地上駅(橋上駅)
ホーム	2面2線
乗降人数	1万7689人

【狭間駅】

開業年	昭和42(1967)年10月1日
所在地	東京都八王子市東浅川町773
キロ程	5.8キロメートル(北野起点)
駅構造	地上駅
ホーム	2面2線
乗降人数	7226人

◎めじろ台駅
高尾線開業にともなって新設された駅で、掘割式ホームをもつ橋上駅舎として開設された。島式ホーム2面4線だったが相対式に改められた。

◎めじろ台駅に到着する各停
2面4線の緩急接続駅として開業した当駅の様子がわかる光景。今や高尾線は沿線住民のみならず、海外からの旅行客も多く訪れるようになった。

撮影：荻原二郎

昭和42年

◁狭間駅
下りホーム側に建つ駅舎。ホーム間は跨線橋で連絡している。

撮影：山田虎雄

昭和46年

撮影：荻原二郎

　めじろ台は高尾線の開業時に新たに開設された駅で、高尾線の開通を見越して分譲されたのが「京王めじろ台住宅地」だったことから、それが駅名となった。高尾線の工事中の仮称駅名は八王子台だったという。開業時から橋上駅舎で、ホームは掘割式になっており、特急などの優等列車と各駅停車の緩急接続をする予定だったため、待避線をもつ島式ホーム2面4線という構造だった。将来的に高尾線を津久井方面に延伸させるための布石だったともいわれるが、真相は定かでない。その後、列車編成の長大化に対応してホームを延伸させた際に、待避線を撤去して現在の相対式ホームに改められた。当初は駅だけが立派で街らしい雰囲気もなかったが、今では全列車が停車する郊外の主要駅となっている。

　狭間もめじろ台と同時に開業した。多摩丘陵の北端部自然環境豊かなところに出現した駅は閑散としていたが、現在では豊かな自然が残る住宅地として開発が進むとともに、郊外型の大型商業施設なども進出して、見違えるような賑やかさになっている。駅舎は下りホーム側にあり、両ホームは跨線橋で連絡している。かつてはここに車両基地を建設する計画があったが、若葉台検車区ができたため、現在は国立の東京工業高等専門学校になっている。準特急、区間急行、快速が停車する。

昭和42年

▲めじろ台駅のホーム
「京王めじろ台住宅地下車駅」と書かれた案内柱がホームの中ほどに建っている。当時の駅は閑散としていたが、今では活気あふれる駅になっている。

撮影：荻原二郎

現在

▶高尾線を走る都営10-300形
都営新宿線との相互乗り入れは年々活発になり京王線内の笹塚以西でも都営車を見かける機会が増えた。当初は10-100形が活躍したが、現在は10-300形への世代交代がなされている。

昭和42年

撮影：荻原二郎

▲狭間駅のホーム
写真の奥に見えている高尾寄りにある跨線橋で上下線のホームを結んでいる。駅周辺の宅地開発で、当駅も開設時からは考えられないほど賑わっている。

▲めじろ台駅
京王が分譲しためじろ台住宅地の最寄り駅として、高尾線内唯一の島式ホーム2面4線で開設された。ホームは掘割の中にあり、当初から橋上駅だった。

昭和59年

提供：八王子市

▲めじろ台住宅地
めじろ台住宅地は昭和40年に造成工事に着手し、昭和42年に分譲開始。桜ヶ丘住宅地（昭和40年分譲開始）、平山住宅地（昭和48年分譲開始）と並び、京王帝都電鉄（現・京王電鉄）よる大規模な宅地開発事業として知られている。

昭和40年代

撮影：清水正之

Takao St. / Takaosanguchi St.
高尾、高尾山口

JR中央線と接続している高尾
高尾山への入口にある高尾山口

【高尾駅】

開業年	昭和42(1967)年10月1日
所在地	東京都八王子市初沢町1227-3
キロ程	6.9キロメートル（北野起点）
駅構造	高架駅
ホーム	1面2線
乗降人数	2万7209人

【高尾山口駅】

開業年	昭和42(1967)年10月1日
所在地	東京都八王子市高尾町2241
キロ程	8.6キロメートル（北野起点）
駅構造	高架駅
ホーム	1面2線
乗降人数	1万89人

▼高尾～高尾山口間

昭和42年に井の頭線から転属された1230＋1403は帝都電鉄が戦前に製造した車両であり、その後、昭和49年に伊予電鉄に譲渡された。

撮影：園田正雄

▲高尾山口駅
「京王高尾線10月1日開通　新宿まで直通特急45分」の横断幕が架かる開業時の高尾山口駅。高尾山への最寄り駅として賑わっている。

撮影：荻原二郎

◀高尾線開業
開業当日の5000系祝賀電車が高尾駅に入線。当時、高尾線開通は都民の大きな話題となり東京の下町地区からも学校行事の遠足が実施された。

提供：J.WALLY HIGGING

　高尾は昭和42(1967)年の高尾線開業時に、国鉄（現・JR）高尾駅の南側に島式ホーム1面2線の高架駅を開設した。当駅～終点の高尾山口間は単線区間となっている。ホームの番号はJRからの続番となっており、京王電鉄のほかの駅とは付番が逆になっている。改札口は南口と北口の2ヵ所で、南口は京王電鉄が管理し、北口はJR東日本が管理している。以前から線路が街の南北を分断しているため、南北のふたつの改札口を行き来するには、大きく迂回するか入場券を購入して改札内を通るかしかなかった。そこで、八王子市の計画案によって、JRの橋上駅舎化と自由通路を新設することになっ

ているが、まだ実現していない。
　高尾山口は高尾線の終着駅として開設され、駅名通り高尾山の入口となった。当駅から徒歩5分ほどで、高尾山ケーブルの清滝駅とリフトの山麓駅にアクセスしている。開業当初から高架駅だったが、平成27(2015)年に建築家の隈研吾デザインの新しい駅舎に生まれ変わった。東京都指定の天然記念物である「高尾のスギ並木」にちなんで、杉材を多用しての改築となった。年間約300万人の登山客を迎え、外国人旅行者も増えていることから、ミシュランガイドで「三つ星」観光地に選ばれた高尾山にふさわしい駅になった。

昭和58年

▲高尾山ケーブル
昭和2年に清滝〜高尾山間を開通させた高尾登山電鉄(通称は高尾山ケーブル)の「もみじ号」。高低差271メートルのケーブルは日本一の急勾配。

昭和45年 提供：J.WALLY HIGGINS

▲高尾山口駅の5000系
新宿発の急行が到着する様子。この5000系は特急から各停まで幅広く運用されたが平成8(1996)年までに全車が引退した。

▼高尾駅付近の空撮
写真手前の国鉄高尾駅の駅前を甲州街道が高尾山に向かっている。京王の高尾線は建設工事中で、やがて国鉄高尾駅南側の高架駅に到達する。

人気行楽地の中心が高尾山薬王院

　ケーブルカーの高尾山駅から20分ほど山道を登ると、高尾山を象徴する寺院・高尾山薬王院に到着する。正式名を高尾山薬王院有喜寺という真言宗智山派の大本山で、薬師如来と飯縄権現を本尊としている。天平16(744)年に聖武天皇の勅命によって、行基が開山したと伝えられている。その時、薬師如来を本尊としたことから、薬王院と称されるようになった。

　スギ並木の参道を通って境内に入ると、大本堂と大社(飯縄権現を祀る社殿)の荘厳な姿が目を射る。現在の大本堂は明治34(1901)年に建立されたもので、大社の本殿は享保14(1729)年に建立され、続いて幣殿と拝殿が建立されている。

現在

明治34年に入母屋造りで建立された現在の高尾山薬王院大本堂。薬師如来と飯縄権現を祀っており、堂内には護摩壇がある。

昭和41年 提供：朝日新聞社

京王電気軌道御陵線

北野～御陵前（後に多摩御陵前）の路線として、昭和6年に開通。僅か3.1kmの路線を単行電車が往復、日曜日・祝日等は新宿からの直通電車も運転された。昭和20年1月には「不要不急路線」として休止、やがて線路は撤去された。戦後、高尾線の建設計画が具体化する中で、北野～山田間の旧線跡を利用し、そこから新線を建設することで、高尾山口までの路線が昭和42年に完成した。

御陵前の駅舎
昭和6年に開業。駅舎は神殿風の豪華なものであったが、路線が営業休止となった後の昭和20年8月、八王子空襲の際に焼失した。

山田付近を走る単行電車
山田駅と横山駅の中間、現在のめじろ台住宅地の隣接地付近であろうか。時代によって異なるが、40分毎くらいに電車が走っていた。

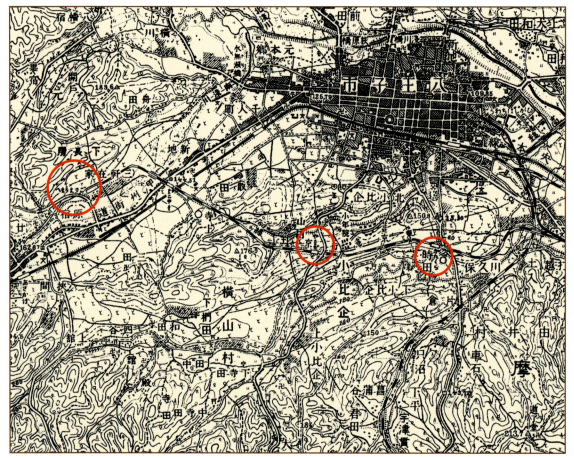

地図の右端から京王電気軌道が省線の中央線を跨いで「ひがしはちわうじ（東八王子）」まで延びている。地図の中央を東西に走っている路線に「東京急行八王子線」という表記が見られるが、これは京王電気軌道の御陵線のことで、戦時中の大東急時代はこう呼ばれた。

第2部
相模原線

相模原線の歴史は京王電鉄の前身である京王電気軌道が大正6（1916）年に開業した調布〜多摩川原（現・京王多摩川）間の多摩川支線を端緒とする。長い間1駅だけの短い支線だったが、昭和46（1971）年から多摩ニュータウンにアクセスする路線として徐々に延伸させ、同49年に調布〜京王多摩センター間を、平成2（1990）年に橋本まで延伸して全通した。昭和55年には都営地下鉄新宿線と相互直通運転を開始した。

撮影：荻原二郎

昭和46年、京王多摩川から京王よみうりランドまで延伸開業され、相模原線躍進の第一歩となった。

Keio-tamagawa St. / Keio-inadazutsumi St. / Keio-yomiuri-land St.

京王多摩川、京王稲田堤、京王よみうりランド

多摩川を挟んで高架駅が3駅続く 競輪、観桜、遊園地の最寄り駅

▲調布～京王多摩川間
調布から京王多摩川に向かう一駅だけの区間電車。片運転台で必要のなくなったヘッドライトを利用して2灯に増設した2400形が多摩川の橋梁近くを走る。

▲地上時代の京王多摩川駅
花菖蒲の名所として知られた京王百花苑（現・京王フローラルガーデンANGE）の最寄り駅だった。

▲京王稲田堤駅
相模原線開通を祝う横断幕が高架下に架かっている。相模原線が多摩川を神奈川県側に渡った最初の停車駅。

　京王多摩川は相模原線でもっとも古い駅で、大正5（1916）年の開設時には多摩川原という駅名だった。当初は多摩川で採取された砂利の運搬が目的だったが、昭和2（1927）年に総合娯楽施設の「京王閣」ができると行楽客が利用するようになった。同12（1937）年には現在の駅名に改称している。その後、戦時色が強くなり、「京王閣」は閉園となったが、戦後になって京王閣競輪場に姿を変えた。同43（1968）年には高架駅になり、同46年に相模原線が京王よみうりランドまで延伸すると、途中駅になった。

　この時に開設されたのが京王稲田堤で、桜の名所として知られた多摩川の土手の名が駅名として採用された。駅の所在地は京王電鉄ではきわめて少数派である神奈川県川崎市にある。開業当初からの高架駅で、すべての列車が停車する。

　京王よみうりランドも相模原線の部分開業の際に開設され、一時期終着駅となった。近くに遊園地のよみうりランド、ゴルフ場のよみうりカントリークラブ、読売ジャイアンツ球場などのスポーツ、レジャー施設があるが、駅の北側に住宅地やマンション、ショッピングセンターが集まっている。小田急線にも読売ランド前駅があるが、よみうりランドへのアクセスは京王の駅の方が近い。

【京王多摩川駅】

開業年	大正5(1916)年6月1日
所在地	東京都調布市多摩川4-40-1
キロ程	1.2キロメートル(調布起点)
駅構造	高架駅
ホーム	2面2線
乗降人数	1万6937人

【京王稲田堤駅】

開業年	昭和46(1971)年4月1日
所在地	神奈川県川崎市多摩区菅4-1-1
キロ程	2.5キロメートル(調布起点)
駅構造	高架駅
ホーム	2面2線
乗降人数	5万1356人

【京王よみうりランド駅】

開業年	昭和46(1971)年4月1日
所在地	東京都稲城市矢野口2200-1
キロ程	3.9キロメートル(調布起点)
駅構造	高架駅
ホーム	2面2線
乗降人数	1万2195人

昭和46年

撮影:荻原二郎

よみうりランドのスカイロード
よみうりランド駅開業と同時に、駅からよみうりランドまで遊園地直営のスカイロード(現・スカイシャトル)が開通した。

京王よみうりランド駅
多摩丘陵の梨畑の中に開業した仮の終着駅だったが、昭和49年に相模原線が京王多摩センターまで延伸したため、中間駅となった。

古地図探訪

京王多摩川～稲城駅付近

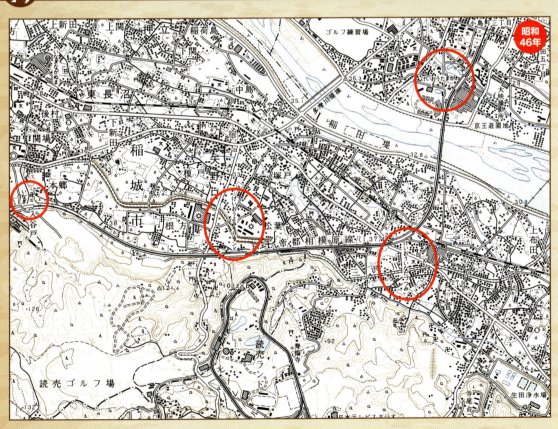

昭和46年

地図右上の京王多摩川駅から多摩川を渡り、南武線をオーバークロスすると京王稲田堤駅に至る。駅の西側を川崎街道が走っているが、これを高架線で越えて京王よみうりランド駅に向かう。多摩川と三沢川に挟まれたこのあたり一帯の宅地化が進んでいることが地図から見て取れる。京王よみうりランド駅南の丘の上に「読売ランド」や「読売ゴルフ場」という表記が見える。地図左端に稲城駅がある。駅北側の宅地化が進んでいる。

Inagi St. / Wakabadai St. / keio-nagayama St.
稲城、若葉台、京王永山
3駅とも多摩ニュータウン内の駅
京王永山には小田急が乗り入れている

【稲城駅】
開業年	昭和49（1974）年10月18日
所在地	東京都稲城市東長沼3108
キロ程	5.5キロメートル(調布起点)
駅構造	地上駅(橋上駅)
ホーム	2面2線
乗降人数	2万71人

【若葉台駅】
開業年	昭和49（1974）年10月18日
所在地	神奈川県川崎市麻生区黒川字東609
キロ程	8.8キロメートル(調布起点)
駅構造	地上駅(高架駅)
ホーム	2面4線
乗降人数	2万4758人

【京王永山駅】
開業年	昭和49（1974）年10月18日
所在地	東京都多摩市永山1-18-1
キロ程	11.4キロメートル(調布起点)
駅構造	高架駅
ホーム	2面2線
乗降人数	4万4140人

昭和49年　提供：稲城市

▲開業前の稲城駅
相模原線は昭和49年に京王多摩センターまで延伸するが、それに合わせて稲城駅も丘陵地帯に切通しの駅として建設された。

▶京王永山駅
小田急永山駅より遅れて開業した高架駅で、ホームと駅舎はほぼ一体化していた。

平成元年　撮影：荻原二郎

◀若葉台駅
多摩センターまでの延伸時に設けられた駅で、丘陵の斜面を削って建設されたため、ホームは高架部と地上部にある。検車区・工場がある。

昭和51年　提供：多摩市

　多摩丘陵を掘削してニュータウンや道路、鉄道が建設され、一帯は大変貌をとげたが、その入口に当たる駅が稲城。京王多摩センターまで部分開通した昭和49（1974）年に開設された当初は、ニュータウン建設の途上で利用者も多くなかったが、向陽台の開発や稲城市役所の移転などもあって、急速に発展した。切通しの曲線部分にホームがある橋上駅で、平成18（2006）年に駅ビルの京王リトナード稲城が完成した。区間急行、快速が停車する。
　若葉台も同年に開業したが、丘陵地の斜面に駅を設けたため、稲城側は高架、京王永山側は地平という構造になっている。駅は東京都稲城市と神奈川県川崎市の都県境にあり、昭和58年に駅の北東部に開設した若葉台検車区・工場が隣接している。待避線があるが、特急、準特急、急行は停車しない。
　京王永山は小田急永山の開設から約4ヵ月半遅れの昭和49年10月に開業した。両駅は3層構造の高架駅で、駅舎はほぼ一体化しており、ホームも並んでいるが、ホーム間には仕切りがある。永山は多摩ニュータウンの第1次入居区域で、昭和46（1971）年から入居が始まっていた。相模原線は当駅から隣の多摩センターまで小田急多摩線と並走する。かつては特急が通過していたが、平成25（2013）年からは全列車停車駅になった。

▲多摩ニュータウン稲城周辺　平成4年

▲多摩ニュータウン若葉台周辺　平成17年

▲多摩ニュータウン若葉台周辺　平成9年

▲多摩ニュータウン永山周辺　平成9年

古地図探訪

若葉台～京王永山駅付近

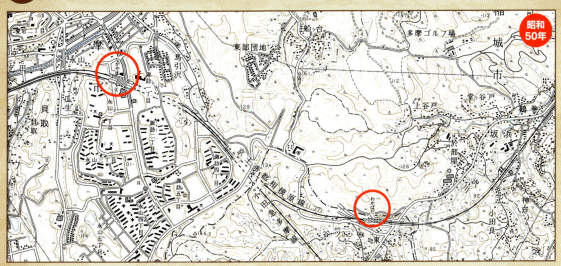
昭和50年

　稲城駅から南西に進路をとった相模原線が若葉台駅に入線する。駅の所在地は川崎市だが、若葉台という地名は稲城市に属している。地図では若葉台一帯は丘陵地帯で、手つかずであることを示している。若葉台を出ると小田急多摩線と並行しながら走り、トンネルを抜けて京王永山駅に至る。こちらは駅の南北で宅地の開発が進んでいることが見て取れる。

Keio-tama-center St.
京王多摩センター

多摩ニュータウンを代表する中核駅
京王、小田急、多摩都市モノレールが接続

【京王多摩センター駅】

開業年	昭和49（1974）年10月18日
所在地	東京都多摩市落合1-10-2
キロ程	13.7キロメートル（調布起点）
駅構造	高架駅
ホーム	2面4線
乗降人数	8万4345人

昭和51年
提供：多摩市

▶モノレール
京王・小田急多摩センター駅とクロスして建設中の多摩都市モノレール。
平成8年
撮影：荻原二郎

◀京王多摩センター駅
京王が昭和49年に開業し、小田急が半年遅れで開業した両線の多摩センター駅。鉄道の建設と同時に、道路や団地の建設が急ピッチで進められていた。

現在

◀京王多摩セター駅
3層式高架駅の2層部分にある駅舎の南口。ペデストリアンデッキが設置されている。

平成8年
提供：東京都
▲京王多摩センター駅付近の空撮

　現在の駅の南側が、開発時に多摩ニュータウンの「都市センター」地区に位置づけられていたことから、多摩センターという駅名になった。京王と小田急はともに新宿を起点としていることから、乗客の混同を避けるために、それぞれの社名を冠することになった。永山は小田急の開設が早かったが、当駅は京王が昭和49（1974）年10月、小田急が同50年4月の開設となった。

　京王と小田急の駅はほぼ一体化している。どちらも3層構造の高架駅で、最上部に両社のホームが並び、2層目が改札口と駅舎、下層部が出入り口となっている。開業当時は京王、小田急ともには2面4線のホームだったが、のちに小田急は2面2線に改めている。当駅は相模原線内で唯一、各駅停車などが特急や急行の待ち合わせをする全列車停車駅となっている。京王の中央口改札と小田急の西口改札は同一の通路上にあるため、両社間の乗り換えはきわめてスムーズである。

　開業以来、京王と小田急の2社が乗り入れる駅だったが、平成12（2000）年に多摩都市モノレールが多摩センター駅を開業した。こちらは道路上の高架駅で、同線の起点駅となっている。京王・小田急多摩センターからは約200メートル離れており、両駅はペデストリアンデッキで結ばれている。

▲京王多摩センター駅付近の空撮

写真中央は手前が京王相模原線、奥が小田急多摩線の駅で、左手が京王（小田急）永山駅方面、右手が京王堀之内駅、小田急唐木田駅方面となっている。

▲京王多摩センター駅付近の空撮

古地図探訪
京王多摩センター駅付近

地図中央の「たまセンター」という表記が京王多摩センター駅と小田急多摩センター駅を意味している。上が京王相模原線で、下が小田急多摩線。駅の北と南の周辺部はまだ未開発で、地図には北東に少し離れた松ヶ丘団地や、南西に離れた落合団地などが記載されている。これまで並走してきた京王と小田急は多摩センター駅の先で分岐する。

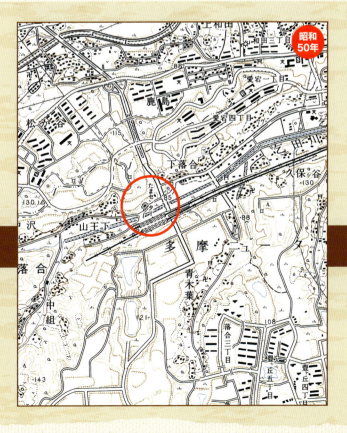

京王堀之内、南大沢、多摩境

keio-horinouchi St. / Minami-osawa St. / Tamasakai St.

南大沢まで延伸時に開業した2駅と
京王電鉄で一番新しく開業した多摩境

【京王堀之内駅】

開業年	昭和63(1988)年5月21日
所在地	東京都八王子市堀之内3-24-4
キロ程	16.0キロメートル(調布起点)
駅構造	高架駅
ホーム	2面2線
乗降人数	3万1015人

【南大沢駅】

開業年	昭和63(1988)年5月21日
所在地	東京都八王子市南大沢2-1-6
キロ程	18.2キロメートル(調布起点)
駅構造	地上駅[橋上駅]
ホーム	2面2線
乗降人数	6万1708人

【多摩境駅】

開業年	平成3(1991)年4月6日
所在地	東京都町田市小山ヶ丘3-3-23
キロ程	20.1キロメートル(調布起点)
駅構造	地上駅[橋上駅]
ホーム	2面2線
乗降人数	1万8945人

昭和63年
提供:八王子市

▲京王堀之内駅付近(空撮)
南大沢まで暫定的に開業した昭和63年に開業した当時の駅周辺はまだ建設途上で、完成時の未来図は描きにくかった。

◀南大沢駅の5000系
昭和63年
相模原線では都営地下鉄新宿線への乗り入れ用として6000系が開発された経緯があった。そのため、当時、京王の主力車両であった5000系が相模原線で運用される期間は比較的短かった。
撮影:荻原二郎

昭和63年

▲南大沢駅
掘割の中に相対式ホーム2面2線を設けたため、橋上駅舎の出入り口は人工地盤と同じ高さになった。建設当時は由木平と仮称されていた。

　京王堀之内は京王帝都電鉄が相模原線を南大沢まで延伸させた昭和63(1988)年に開設されたが、橋本までの延伸計画の中には存在しない駅だった。しかし、別所・堀之内地区が多摩ニュータウンの開発区域であり、地域住民の拠点となる地区センターが設置されることもあって、新たな駅の建設が決まった。その後、周辺のニュータウン開発が急速に進められたことから、新駅開設は先見の明があったといえよう。

　京王多摩センター～橋本間の延伸工事は、南大沢～橋本間が用地買収などに手間取っていたため、多摩センター～南大沢間を暫定開業することになった。しかし、開業当初の当駅周辺は更地が目立った状態だった。その後、この地域での多摩ニュータウン建設が急ピッチで展開し、東京都立大学(現・首都大学東京)の移転などもあって、当駅利用者数は急速に上昇カーブを描くこととなった。特急をはじめ全列車が停車する。

　多摩境も当初の駅設置計画になかったが、相模原線が町田市の市域を走ることから、市が駅の開設を強く求めたのがきっかけとなった。ただ、補助金の関係から橋本を先に開設する必要があり、当駅は京王で一番新しい駅として平成3(1991)年に開設された。周辺は町田市内唯一の多摩ニュータウン開発地域となっている。

昭和63年

▲南大沢駅

昭和63年に開業した当時は、駅の周辺には建物等もなく、殺伐とした光景が広がっていた。現在は商業施設や学校、宅地が目白押しとなり、一変した。

提供：八王子市

平成5年

▲多摩境駅周辺の空撮

提供：東京都

昭和63年

▲南大沢駅付近

提供：八王子市

▶多摩境駅

町田市からの要請で予定外ながら平成3年に開設された駅で、地形の関係からホームが掘割と高架に跨っている。

平成3年

提供：町田市

南大沢駅と都立大学周辺

平成5年

提供：東京都

調布市　川崎市多摩区　稲城市　川崎市麻生区　多摩市　八王子市　町田市　相模原市緑区

Hashimoto St.

橋本
相模原市の北の玄関口 リニア新幹線の駅開設へ

【橋本駅】	
開業年	平成2（1990）年3月30日
所在地	神奈川県相模原市緑区橋本2-3-2
キロ程	22.6キロメートル（調布起点）
駅構造	高架駅
ホーム	1面2線
乗降人数	9万1265人

▲橋本駅周辺の七夕まつり
橋本では昭和27年から七夕まつりがおこなわれ、大勢の市民に親しまれている。

▲橋本駅
JR横浜線・相模線の橋本駅の南側に3層の高架駅として乗り入れた。この時点では京王車の乗り入れは大島までで、本八幡まで延長されたのは開業1年後のことである。

▶国鉄時代の橋本駅
昭和55年に現在の駅舎に建て替えられる前の地上駅舎。ホーム間を連絡通路で結んでいる。

◀橋本駅北口の商店街
駅前再開発事業の完了後、高層ビルの建設が相次ぎ、商店街の景観も変化を遂げている。

　JR東日本の横浜線、相模線の橋本駅の南側に立体交差によって乗り入れる形で、平成2（1990）年に相模原線の終着駅として開業した。京王電鉄では当駅だけが唯一の神奈川県内の終着駅となった。3層構造の高架駅で、島式ホーム1面2線を有しており、駅開設と同時に京王電鉄で初めて自動改札機が導入された。ホームは3階部分にあり、改札口とJR線への乗り換え通路が2階にある。かつては津久井湖方面への延伸が計画されたこともあったが、完成しないまま終わった。乗降者数は相模原線随一で、京王電鉄全体でも6位にランクされている。
　相模原線が乗り入れるまでの橋本は、JRの2路線が接続する交通の要衝ではあったが、あまり目立たない地味な存在だった。そこに都営地下鉄新宿線への直通列車運行などによって都心に直結する相模原線が乗り入れたことで、この地域の都市化が加速度的に進むことになった。しかも、駅所在地の相模原市が横浜、川崎に次いで神奈川県内3番目の政令指定都市となり、都市化に拍車がかかった。そのうえ、平成39（2027）年に開業を予定しているJR東海のリニア中央新幹線が駅を設置することになっており、ますます当駅の重要度は増している。相模原市の北の玄関口という位置づけはもちろんだが、将来的には西の副都心として飛躍することが期待されている。

第3部
井の頭線

井の頭線を最初に開業したのは小田原急行鉄道系の帝都電鉄で、昭和8（1933）年に渋谷〜井之頭公園（現・井の頭公園）間を、翌年に井之頭公園から吉祥寺間を開業させている。のちに帝都電鉄は小田原急行鉄道に合併され、帝都線と称した。戦時中の大東急時代に、線名が現在のものになっている。昭和23（1948）年、大東急が解体し、井の頭線は京王帝都電鉄が所有する路線となった。渋谷〜吉祥寺間を短絡する12.7キロを17の駅で結んでいる。軌間は京王電鉄の各線とは異なる1,067mmとなっている。

神泉駅から渋谷方向を見た風景。3000系のレインボーカラーは、ブルーグリーン・アイボリーホワイト・サーモンピンク・ライトグリーン・バイオレット・ベージュ・ライトブルーであった。

Shibuya St.
渋谷
しぶや

JR、東急、
東京メトロに接続
京王電鉄で2位の乗降者数誇る

【渋谷駅】	
開業年	昭和8（1933）年8月1日
所在地	東京都渋谷区道玄坂1-4-1
キロ程	0.0キロメートル（渋谷起点）
駅構造	高架駅
ホーム	2面2線
乗降人数	33万6805人

昭和34年
提供：J.WALLY HIGGING

◁渋谷に到着する1800形

この付近では当時、3種類の軌間の線路を見ることが出来た。井の頭線は1067mm、左の東急玉川線は京王線と同じ1372mm、さらに、左奥には1435mmの営団地下鉄（現・東京地下鉄）銀座線の線路がある。

昭和37年
撮影：荻原二郎

◁渋谷駅のホーム

「四両編成の前から一両は次の神泉駅ではドアーがあきませんからご承知下さい」という神泉駅でのドア締め切りの案内があった。

◁渋谷付近の3000系

3000系は、東急7000系や南海6000系と並ぶ初期のオールステンレス車で活躍を続けたが平成23（2011）年に形式が消滅した。

昭和45年

現在

◁渋谷駅

井の頭線の渋谷駅自体は小ぶりなターミナルであるが、平成12年にオープンした複合施設の高層ビル「渋谷マークシティ」と一体化している。

　現在の駅は駅ビルの渋谷マークシティ2階にのりばがある高架駅になっているが、ここに至るまでにはさまざまな紆余曲折があった。昭和23（1948）年に京王帝都電鉄の一員に組み込まれた井の頭線は、地下鉄銀座線、東急玉川線と並走しながら営業していた。同35（1960）年にはかつての正面改札口付近に、地上5階、地下1階の京王渋谷駅ビルが完成する。1階と地下は当駅と隣接する東急玉川線渋谷駅（廃止）と営団地下鉄（現・東京メトロ）銀座線渋谷検車区の真下までフロアが広がっていた。井の頭線のコンコースは2階に設けられていたが、国鉄（現・JR）、東急東横線と玉川線、地下鉄銀座線への乗り換え口は常に大混雑していた。

　平成6（1994）年、営団、東急、京王の3社が共同で新駅ビル建設に着工する。この時までに、東急玉川線渋谷駅跡地のバスターミナルも廃止している。同9（1997）年には駅を西へ100メートル移動し、同12年にようやく新駅ビルの渋谷マークシティがオープンした。同20（2008）年、井の頭線とJRの連絡通路に岡本太郎の巨大壁画「明日の神話」が設置され、渋谷のランドマークとなった。新しくなった当駅の乗降者数は、京王電鉄の中では新宿駅に次ぐ2位であり、井の頭線ではもっとも多くなっている。

🔼 渋谷駅付近の空撮

東急東横店が入る渋谷駅ビルの横っ腹から地下鉄銀座線が高架でスタートし、国鉄渋谷駅は左側にホームを延ばしている。井の頭線は国鉄渋谷駅前の道を渡ったあたりから出発し、それに当時は運行していた東急玉川線が並走してくる。さらに東急東横線が運行していた。

🚶 古地図探訪

渋谷駅付近

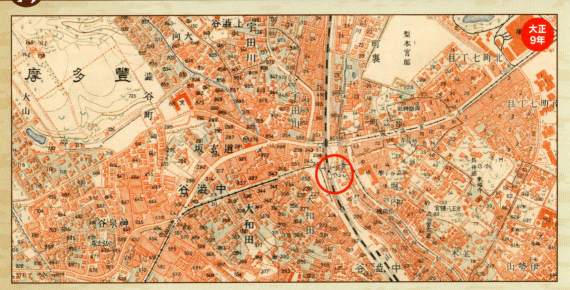

地図中央を省線(のちの国鉄、現・JR)の山手線が南北に走り、「しぶや(渋谷)」駅が見える。山手線に沿うように走る道路は現在の明治通りで、駅の北側に宮益坂と道玄坂がある。渋谷駅前からは東京市電が発着している。道玄坂の南側から西南に進路をとっているのは渋谷～玉川間を結ぶ玉川電気鉄道。まだ、井の頭線は敷設されていない。

昭和40年

マークシティ以前の渋谷駅（空撮）

写真正面の丸みを帯びたビルが京王渋谷駅ビルで、ホームを黒っぽい屋根が覆っているのが京王井の頭線の渋谷駅。その右が東急玉川線渋谷駅、さらに右は地下鉄銀座線の渋谷車庫。

提供：朝日新聞社

○渋谷駅一帯（空撮）

写真中央を横断している高速道路は首都高速3号渋谷線で、東急東横線と国鉄山手線を跨ぎ越している。高速道路下の白い屋根は東横線のホーム。東口にはプラネタリウムと映画館で知られた東急文化会館が見える。西口前の道路を渡った左上のビルが井の頭線の渋谷駅。

○井の頭線ホームと連絡通路

左端の東急東横店が入っている渋谷駅ビルから京王渋谷駅ビル内の井の頭線コンコースまで連絡通路が設けられていた。井の頭線のホームは2階部分にあり、写真右手方面に線路が延びている。

Shinsen St. / Komaba-todaimae St. / Ikenoue St.
神泉、駒場東大前、池ノ上

トンネルに挟まれている神泉
文教住宅地の駒場東大前、池ノ上

【神泉駅】
開業年	昭和8(1933)年8月1日
所在地	東京都渋谷区神泉町4-6
キロ程	0.5キロメートル(渋谷起点)
駅構造	地上駅／トンネル内(橋上駅)
ホーム	2面2線
乗降人数	1万761人

【駒場東大前駅】
開業年	昭和8(1933)年8月1日
所在地	東京都目黒区駒場3-9-1
キロ程	1.4キロメートル(渋谷起点)
駅構造	地上駅(東口のみ橋上駅)
ホーム	1面2線
乗降人数	3万8878人

【池ノ上駅】
開業年	昭和8(1933)年8月1日
所在地	東京都世田谷区代沢2-43-8
キロ程	2.4キロメートル(渋谷起点)
駅構造	地上駅(橋上駅)
ホーム	1面2線
乗降人数	9864人

昭和62年　撮影：荻原三郎

▲神泉駅
渋谷トンネルを出た下り電車がホームに進入してくる。電車が地上に顔を出すのはほんのわずかで、前方の車両はすぐにトンネルに入る。

▶神泉駅のホーム
開業時からホームが吉祥寺寄りの神泉トンネルに食い込んでおり、ドア締め切りの車両があった。

昭和39年　撮影：荻原三郎

◀3000系快走
3000系は前面に7色のカラーバリエーションを持つFRPを使用したことから「ステンプラカー」とも呼ばれた。

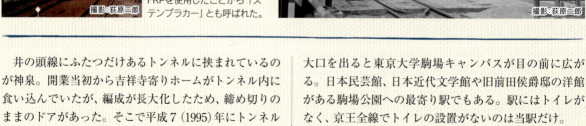

昭和38年　撮影：荻原三郎

　井の頭線にふたつだけあるトンネルに挟まれているのが神泉。開業当初から吉祥寺寄りホームがトンネル内に食い込んでいたが、編成が長大化したため、締め切りのままのドアがあった。そこで平成7(1995)年にトンネル内にホームを延長し、ほとんどがトンネル内の駅となった。同8年、駅の構造を大幅に改良した橋上駅舎をもつ新しい駅ビルが完成した。

　神泉の次の停車駅は東大前で、その400メートル先に駒場があったが、昭和40(1965)年にこのふたつの駅を統合して、現在の駒場東大前が誕生した。井の頭線の中でもっとも新しい戦後生まれの駅。東口は橋上駅舎で、東大口を出ると東京大学駒場キャンパスが目の前に広がる。日本民芸館、日本近代文学館や旧前田侯爵邸の洋館がある駒場公園への最寄り駅でもある。駅にはトイレがなく、京王全線でトイレの設置がないのは当駅だけ。

　池ノ上の周辺は世田谷区の閑静な住宅街で、松蔭中学・高等学校などの学校もあることから、通学での利用も多い。平成18(2006)年に橋上駅舎化されたが、駅の両端に踏切があるため、20メートル級5両編成対応のホームは踏切のギリギリまで迫っている。急行停車駅の下北沢までは徒歩8分ほどで行かれるので、乗り換えを嫌う人は下北沢を利用している。

🚉 駒場東大前駅

東大前と駒場の2駅を統合して昭和40年に駒場東大前を開設。東口だけが橋上駅舎となっており、東大口はキャンパスに面している。

🚉 池ノ上駅

平成18年に橋上駅化されたが、それ以前の地上時代の駅舎。ホームは前後の踏切に挟まれている。かつて駅の南側に池があった。

🚶 古地図探訪

神泉～池ノ上駅付近

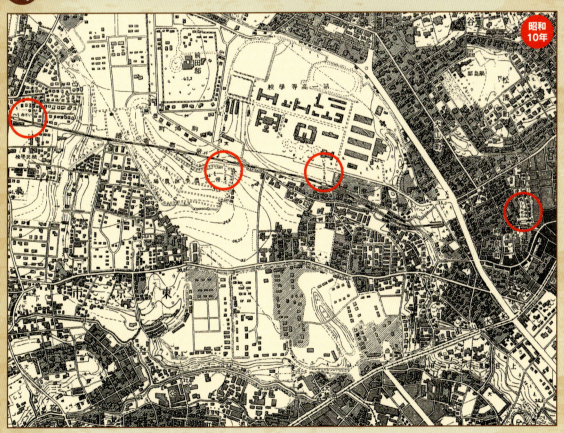

神泉トンネルで現在の山手通りの下を抜けて西進すると「いちこうまへ（一高前）」駅に到着する。開業時は東駒場駅だったが、一高前、東大前と改称する。次に見える駅は「にしこまば（西駒場）」駅で、こちらも駒場駅に改称する。この東大前駅と駒場駅を統合して生まれたのが現在の駒場東大前駅。地図の上部には、第一高等学校、帝大農学部農場、前田邸などといった表記が見られる。西駒場駅の次は池ノ上駅で、住宅街が広がっているのがわかる。

Shimo-kitazawa St.
下北沢

劇場や飲食店が林立する若者の街で
京王と小田急が立体交差している

【下北沢駅】	
開業年	昭和8(1933)年8月1日
所在地	東京都世田谷区北沢2-20-1
キロ程	3.0キロメートル(渋谷起点)
駅構造	高架駅
ホーム	1面2線
乗降人数	11万4056人

▲井の頭線の戦後の顔
昭和25(1950)年に戦後初の新車としてデハ1760形3両が新製された。写真のクハ1258は、もとのデハ1761であり昭和55(1980)年に廃車された。

▼井の頭線の1000系
井の頭線の使用車両は現在1000系の単一形式であるが、増備車は前面の表示器が大型化されるなど、外見上でも目立つ変化がある。

▲荷物電車のデニ100形
小田急線の上に設けられた高架橋を渡る荷物電車。都会派の井の頭線でも、驚いたことに、過去には荷物電車が荷扱いをしていた。

◀下北沢駅
井の頭線の下北沢駅は高架駅だが、吉祥寺寄りのホームの先は地面と同じ高さで、踏切になっていた。

　昭和8(1933)年に帝都電鉄が当駅を開業する。すでに同2(1927)年に開業していた小田原急行鉄道(小田急)と立体交差して接続駅を開設した。同15(1940)年、帝都電鉄が小田急に合併して、当駅は小田急帝都線の駅になった。その後、戦時中の大東急統合時に帝都線は井の頭線と改称する。戦後になって大東急は解体して、東急、京急、小田急、京王帝都に分離するが、この時に井の頭線は小田急ではなく、京王帝都の路線に組み込まれた。こうした経緯があることから、当駅では京王と小田急の間に改札がない。京王が西口、小田急が南口と北口を管理しているが、どの改札からも両社の列車に乗れるし、乗り換えもできる。

　駅が開設された当時はそれほど人で賑わったわけでもなく、ふたつの路線が交差するだけだったが、戦後になって周辺の宅地化が一挙に進む。同時に、商店街も形成され、昭和50年代には若者文化を象徴する街へと変貌をとげた。平成25(2013)年、小田急は東北沢〜世田谷代田間を地下化する。これによって小田急の下北沢駅も地下駅になり、地上(小田急)と高架(京王)で立体交差していた両線は、地下と高架で立体交差するようになった。交通に支障があった小田急の開かずの踏切も撤去され、地上には井の頭線の高架駅だけが残った。

昭和38年

◁ **下北沢駅**

井の頭線と小田急線が交差する駅で、小田急線が切り通しの下を、井の頭線が台地の上を走る構造になっていた。井の頭線は西口に駅舎と構内踏切があった。

撮影：荻原二郎

昭和34年　提供:J.WALLY HIGGING

△ **下北沢付近の小田急線**

写真は1600形4連の普通電車。小田急の下北沢駅は現在、地下化されて井の頭線との乗り換えは以前より時間を要するようになった。

平成22年

△ **オールステンレス車の3000系**

昭和37年(1962)年から約半世紀にわたり井の頭線で活躍した3000系は地方私鉄に譲渡され、北陸鉄道、上毛電鉄、岳南鉄道、アルピコ交通、伊予鉄道で第二の人生を歩んでいる。

古地図探訪
下北沢駅付近

昭和12年

地図右上から左下に延びる線路には「小田原急行鉄道」と表記されており、現在の小田急線であることがわかる。したがって、地図中央の「しもきたざは（下北沢）」でクロスしている路線は、表記はないが井の頭線である。先に開業していた小田急線に立体交差して乗り入れたのが帝都電鉄（現・京王電鉄）の帝都線（現・井の頭線）だった。

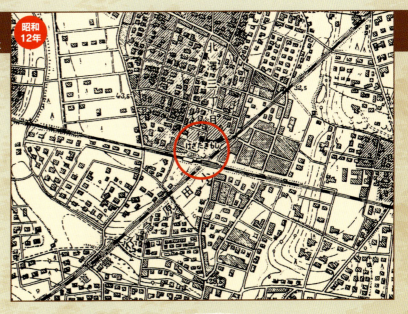

Shindaita St. / Higashi-matsubara St.
新代田、東松原

小田急との代田連絡線があった新代田
ホームからアジサイが見られる東松原

【新代田駅】

開業年	昭和8(1933)年8月1日
所在地	東京都世田谷区代田5-30-18
キロ程	3.5キロメートル(渋谷起点)
駅構造	地上駅(橋上駅)
ホーム	2面2線
乗降人数	9255人

【東松原駅】

開業年	昭和8(1933)年8月1日
所在地	東京都世田谷区松原5-2-6
キロ程	4.0キロメートル(渋谷起点)
駅構造	地上駅(橋上駅)
ホーム	島式1面2線
乗降人数	1万5804人

昭和37年
撮影：小川峯生

昭和40年
撮影：荻原二郎

◎代田2丁目駅
環状7号線と交差することを考慮して開設された駅で、ホームは掘割の中、橋上駅舎は道路と同一の平面上にある。駅舎は改築されて新しくなった。

◎代田二丁目駅ホーム
この当時、井の頭線の電車はよく揺れると言われたが、昭和30年代後期から軌道の強化と同時に新型車両を導入し、乗り心地は格段によくなった。

▶新代田駅ホーム
ホームは2面2線で、駅舎は都道の環状7号線に面している。写真奥が渋谷方面でかつて小田急電鉄への連絡線が延びていた。

現在

◀現在の新代田駅
昭和28年まで当駅から小田急線の世田谷代田駅まで「代田連絡線」が延びていた。

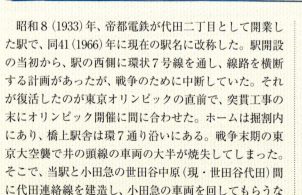

平成6年
撮影：荻原二郎

　昭和8(1933)年、帝都電鉄が代田二丁目として開業した駅で、同41(1966)年に現在の駅名に改称した。駅開設の当初から、駅の西側に環状7号線を通し、線路を横断する計画があったが、戦争のために中断していた。それが復活したのが東京オリンピックの直前で、突貫工事の末にオリンピック開催に間に合わせた。ホームは掘割内にあり、橋上駅舎は環7通り沿いにある。戦争末期の東京大空襲で井の頭線の車両の大半が焼失してしまった。そこで、当駅と小田急の世田谷中原(現・世田谷代田)間に代田連絡線を建造し、小田急の車両を回してもらうなどという歴史的な出来事もあった。連絡線は戦後に撤去されたが、しばらくは渡り線が放置されていた。現在、ほとんどその痕跡は残っていない。

　新代田と500メートルしか離れていない東松原も代田二丁目と同時に開業した。平成2(1990)年に橋上駅舎化されるが、それ以前はホーム有効長が18メートル車4両分しかなく、ホームの両端に踏切があり、駅舎は吉祥寺寄りにあった。そこで渋谷寄りの踏切を廃止してホームを延伸し、橋上駅舎に改築した。駅の西側と東側に跨線橋のような出入り口があり、改札階に繋がっている。昔からの住宅街にある静かな駅で、上り線ホーム正面の法面に咲くアジサイは乗降客から愛されている。

◁ 地上駅舎時代の東松原駅

[昭和35年]

帝都電鉄の開業時に開設された駅で、ホームの両端を踏切で挟まれていた。駅舎は上下線ホーム上の端に置かれていた。平成2年に橋上駅舎化された。

提供：京王電鉄

▷ 現在の東松原駅

[現在]

橋上駅舎となって橋上に改札口を設け、線路の東西に跨線橋のような出入り口がある。ホームと改札階を結ぶエレベーターが設置されている。

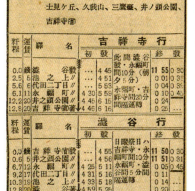

小田原急行電鉄帝都線の時刻表

昭和15年の井の頭線の時刻表。当時は小田原急行鉄道帝都線と呼ばれていた。渋谷～吉祥寺間の運賃は20銭だった。

🚶 古地図探訪

新代田～明大前駅付近

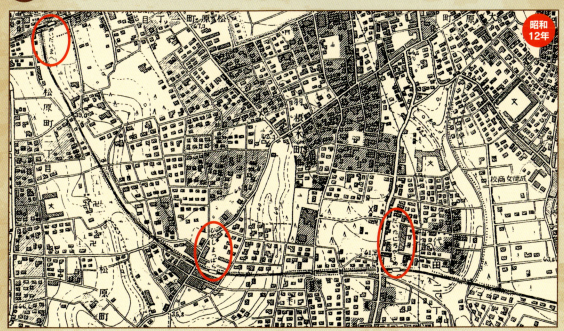

[昭和12年]

地図の中央を東西に走っているのが現在の井の頭線で、右にあるのが「だいたにちゃうめ（代田二丁目）」駅。駅の西側を比較的大きな道路が南北に走っているが、これが東京オリンピック直前に環状7号線となった。昭和41年に新代田と駅名を改称した。左の駅は「ひがしまつばら（東松原）」駅で、駅周辺は戦前から閑静な住宅街だった。

Eifukucho St. / Nishi-eifuku St.

永福町、西永福

両駅の北側を井の頭通りが並走
大宮八幡や和田堀公園にアクセス

【永福町駅】
開業年	昭和8(1933)年8月1日
所在地	東京都杉並区永福2-60-31
キロ程	6.0キロメートル(渋谷起点)
駅構造	地上駅(橋上駅)
ホーム	2面4線
乗降人数	3万1262人

【西永福駅】
開業年	昭和8(1933)年8月1日
所在地	東京都杉並区永福3-36-1
キロ程	6.7キロメートル(渋谷起点)
駅構造	地上駅(橋上駅)
ホーム	1面2線
乗降人数	1万7953人

昭和41年　撮影:荻原二郎

昭和36年　撮影:小川峯生

▶**永福町検車区**
駅開設と同時に検車区と工場が併設されていたが、昭和40年代に富士見ヶ丘へ移転した。現在も引込み線が残っており、留置線として使用している。

▶**永福町駅**
現在は急行と各駅停車が接続する駅として定着しているが、開業時は1面2線の小さな駅であった。京王バスの永福町営業所は、元の永福町検車区・工場の場所にある。

▶**西永福駅**
島式ホーム1面2線上に駅舎が位置する小さな駅だったが、改築されて写真の姿に。平成20年に橋上駅舎化され、南北自由通路ができた。

現在

▶**現在の永福町駅**
平成22年に橋上駅舎化され、翌年には駅ビルに「京王リトナード永福町」がオープンした。

昭和40年　撮影:荻原二郎

　永福町は帝都電鉄によって昭和8(1933)年に開設された1面2線の小さな駅だったが、吉祥寺寄りには車庫と工場が併設されていた。同20(1945)年には空襲で車庫が被災し、車両31両のうち24両を焼失している。同45(1970)年に検車区と工場を富士見ヶ丘～久我山間に移転させ、富士見ヶ丘検車区・工場とした。また、翌年には従来のホームを2面4線に改め、井の頭線の駅では唯一の待避線を設けた。そして、同時に急行の運転を開始した。平成22(2010)年に従来の地下駅舎を橋上駅化し、翌23年には駅ビルの「京王リトナード永福町」が開業した。当駅では急行と各停の緩急接続が行われており、すべての急行が各停に接続する。

　西永福も永福町と同時に開業した。あたりはのどかな田園地帯だったが、戦後しばらくして急速に宅地化が進み、閑静な住宅街となっていった。とくに駅の南側には京王が開発した分譲地があり、今では落ち着いた住宅街となっている。また、永福町から当駅の北側を井の頭通りが並走しており、駅からは商店街が続く。井の頭通りから方南通りが分岐していて、大宮八幡や和田堀公園にアクセスしている。平成20(2008)年にバリアフリー対応と踏切による渋滞解消のための橋上駅舎が完成し、南北自由通路も設置された。

▼永福町駅付近の空撮

右端にあるのが永福町駅で、かつては検車区と工場が併設されていたが、富士見ヶ丘駅に移転した。駅前を走る道路は井の頭通りで、道路に面して多数のバスが駐車しているのは、検車区・工場跡地を利用して京王バスの車庫に転用したことによる。

提供：朝日新聞社

昭和40年

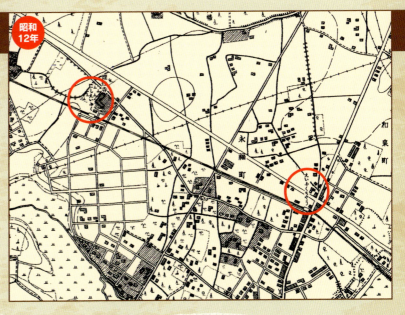

古地図探訪
永福町〜西永福駅付近

昭和12年

地図右下から左上にかけて現在の井の頭線が走っている。右側にある駅が「えいふくちやう（永福町）」駅で、隣の「にしえいふく（西永福）」駅まで線路の北側を並走しているのが井の頭通り。永福町駅の東側をかすめて北東に延びている道路が松の木通りで、方南通りに合流する。まだ宅地化は進んでおらず、沿線の随所に雑木林や水田が見られる。

Hamadayama St. / Takaido St.
浜田山、高井戸
浜田山は閑静な住宅街の地下駅
高井戸は環8通りを跨ぐ高架駅

【浜田山駅】
開業年	昭和8（1933）年8月1日
所在地	東京都杉並区浜田山3-31-2
キロ程	7.5キロメートル（渋谷起点）
駅構造	地上駅
ホーム	1面2線
乗降人数	2万9236人

【高井戸駅】
開業年	昭和8（1933）年8月1日
所在地	東京都杉並区高井戸西2-1-26
キロ程	8.7キロメートル（渋谷起点）
駅構造	高架駅
ホーム	1面2線
乗降人数	4万3519人

吉祥寺〜井の頭公園間（昭和40年）
デハ1400形の走行シーン。帝都電鉄時代に登場した昭和初期のスマートな車両であり、後に、京王線に転用のあと、昭和49（1974）年までに廃車された。
提供：J.WALLY HIGGING

浜田山駅（昭和48年）
平成7年に地下駅化されるまでは地上駅で、北口だけに駅舎があった。宅地化が進み、高級住宅地の駅に成長したが、構内踏切を使用していた。

高井戸駅（昭和40年）
環状8号線との立体交差を見越して築堤上に開設された相対式ホーム2面2線の駅。昭和47年に島式ホーム1面2線の高架駅になった。
撮影：荻原二郎

高井戸の杉並清掃工場建設予定地付近（昭和46年）
ゴミ処理問題で大きな社会問題ともなった杉並清掃工場は、昭和53年に建設着手、昭和57年に竣工した。
提供：東京都

　浜田山は昭和8（1933）年に帝都電鉄の駅として開業したが、当時の駅周辺は今からでは想像もできないほどの田園地帯だった。それは戦後まで続く光景で、戦後復興の歩みとともに劇的に住宅地へと変貌するのは昭和30年代後半からだった。とくに駅の南側は高級住宅街が形成され、大企業のグラウンドや公園なども整備されている。しかし、駅そのものは小ぢんまりとしていて、平成7（1995）年に地下駅化されるまでは構内踏切を使用していた。駅の地下化は20メートル車5両編成に対応するためにホームの延伸を図ったものだが、現在もホームの渋谷寄りと吉祥寺寄りの2ヵ所に歩行者専用の踏切がある。しかも、出入り口は北側にしかなく、南側からの利用者は踏切を渡らなくてはならない。

　高井戸も浜田山と同時に開業したが、その当時は築堤の上に2面2線のホームをもつ駅だった。駅の所在地が予定されていた環状8号線と交差していたためだった。昭和47（1972）には環8通りの開通にともなって、島式ホーム1面2線の高架駅になった。駅高架下は長らく京王クラウン街だったが、平成18（2006）年にリニューアルされて、京王リトナード高井戸となった。駅から環状8号線を渡った北東部に杉並清掃工場とゴミの焼却熱を利用した温水プールがある。

▲高井戸付近を走る
手前は神田川であり、いかにも武蔵野の風景と感じられる。電車の後方には現在、杉並清掃工場が建てられている。

撮影：小川峯生

撮影：荻原二郎

▲高井戸駅ホーム
デビューして間もない頃の3000系。7種類の色を施した斬新なアイデアが「レインボーカラー」として人気を呼び、現在も受け継がれている。

提供：京王電鉄

◀浜田山駅
帝都電鉄でよく見られた島式ホームの上に駅舎を設けたもので、平成7年に地下駅化された。入口は北側にしかなく、南側からの利用者は踏切を渡らなくてはならなかった。

古地図探訪

浜田山〜高井戸駅付近

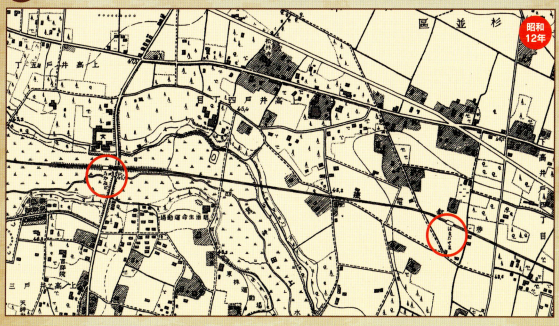

地図中央を横切る鉄道路線に「帝都電鉄」の表記がある。その表記の下に「はまだやま（浜田山）」駅が記されている。今では高級住宅街として知られる浜田山駅周辺だが、駅の北側を走る井の頭通り沿い以外は宅地が見られない。次の「たかゐど（高井戸）」駅周辺は水田地帯で、駅の南を流れる神田川の水が水田を潤わせたのだろう。高井戸駅の東側を南北に走っている道路が、現在の環状8号線になる。

Fujimigaoka St. / Kugayama St.
富士見ヶ丘、久我山

富士見ヶ丘には検車区がある
久我山南口を神田川が流れる

【富士見ヶ丘駅】

開業年	昭和8（1933）年8月1日
所在地	東京都杉並区久我山5-1-25
キロ程	9.4キロメートル（渋谷起点）
駅構造	地上駅（橋上駅）
ホーム	1面2線
乗降人数	1万3975人

【久我山駅】

開業年	昭和8（1933）年8月1日
所在地	東京都杉並区久我山4-1-11
キロ程	10.2キロメートル（渋谷起点）
駅構造	地上駅（橋上駅）
ホーム	1面2線
乗降人数	3万8428人

昭和40年
撮影：荻原二郎

▶地上時代の久我山駅
かつては小さな駅だったが、利用者増とともに駅の改良を重ね、ホームと地下道で結んでいた。平成17年に橋上駅舎になった。

◀地上時代の富士見ヶ丘駅
開設時から小さな駅だったが、西側に検車区と工場が移転してきてからは、折り返し運転もする重要な駅になった。

昭和50年
撮影：吉村光夫

◀富士見ヶ検車区
ミソ状洗剤は電車の左右に置かれた吹き出し装置から散布される。井の頭線の全車両は富士見ヶ丘検車区に配置されている。

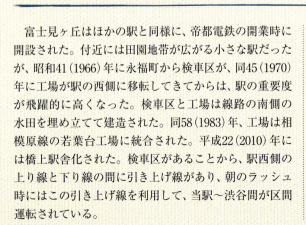

昭和39年
撮影：荻原二郎

　富士見ヶ丘はほかの駅と同様に、帝都電鉄の開業時に開設された。付近には田園地帯が広がる小さな駅だったが、昭和41（1966）年に永福町から検車区が、同45（1970）年に工場が駅の西側に移転してきてからは、駅の重要度が飛躍的に高くなった。検車区と工場は線路の南側の水田を埋め立てて建造された。同58（1983）年、工場は相模原線の若葉台工場に統合された。平成22（2010）年には橋上駅舎化された。検車区があることから、駅西側の上り線と下り線の間に引き上げ線があり、朝のラッシュ時にはこの引き上げ線を利用して、当駅〜渋谷間が区間運転されている。

　急行停車駅の久我山も帝都電鉄開業時に開設されている。開業当初は、駅の南側の低地には水田が連なり、北側の台地には畑が広がる牧歌的な駅だった。それが住宅地として大きく変貌するのは昭和30年代からで、今では駅の南北ともに閑静な高級住宅街になっている。国学院久我山中学・高等学校、都立西高等学校などが集まる文教地区でもある。南口のすぐ前を神田川が流れ、人見街道が走っている。かつては現在の北口に地上駅舎があり、地下道で連絡していたが、平成17（2005）年に南口と北口を橋上駅舎化し、駅舎内に飲食店や商店などのテナントが入居した。

▲地上時代の富士見ヶ丘駅
島式ホーム上の端に駅舎があり、当初は構内踏切を使用していたが、のちに地下通路が設置された。かつてはここから富士山が見えたという。

▲地上時代の久我山駅
島式ホーム1面2線の小さな駅だったが、高度経済成長期に市街地化したため、数次にわたって改築された。写真は現在の北口。

古地図探訪

富士見ヶ丘～久我山駅付近

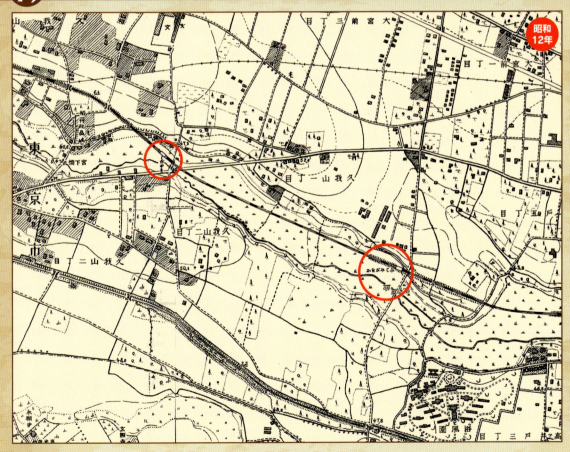

地図右下から左上にかけて現在の井の頭線が走っている。沿線には水田が広がり、ところどころに雑木林も見られた。「ふじみがをか（富士見ヶ丘）」駅からは富士山が望めたのだろう。井の頭線に寄り添うように、井の頭池に端を発する神田川が流れている。「くがやま（久我山）」駅も水田の中にあり、住宅地の面影もない。久我山駅の南で線路とクロスしているのが人見街道で、府中方面まで西へ延びている。

三鷹台、井の頭公園

Mitakadai St. / Inokashira-koen St.

両駅とも神田川に隣接
川辺の遊歩道で駅間を結ぶ

【三鷹台駅】

開業年	昭和8(1933)年8月1日
所在地	東京都三鷹市井の頭1-32-1
キロ程	11.2キロメートル(渋谷起点)
駅構造	地上駅[橋上駅]
ホーム	2面2線
乗降人数	2万2597人

【井の頭公園駅】

開業年	昭和8(1933)年8月1日
所在地	東京都三鷹市井の頭3-35-12
キロ程	12.1キロメートル(渋谷起点)
駅構造	地上駅
ホーム	2面2線
乗降人数	6587人

昭和39年
撮影:荻原三郎

◉地上時代の三鷹台駅
上下線ホームの上に開設された小駅だったが、昭和57年に渋谷寄りに駅を移転し、相対式ホーム2面2線の橋上駅舎になった。

現在

◁現在の井の頭公園駅
平成18年にバリアフリー化などの駅改良工事によって駅舎も改装された。

昭和62年

◉井の頭公園駅のホーム
井の頭公園駅の上りホームに渋谷行きの電車が入線してきた。下りホームに桜の木が見える。

撮影:荻原三郎

　三鷹台は昭和8(1933)年の開設時には1面2線の島式ホームだったが、同57(1982)年に駅を渋谷寄りに移転して、相対式ホーム2面2線の橋上駅舎に改められた。駅は神田川の谷に当たるところにあるため、北側は急な上り坂になっており、南側も坂になっている。神田川は駅の北側を井の頭池から流れてきて、駅の渋谷寄りで線路を潜っている。駅そのものは三鷹市と杉並区の境界付近に位置し、北にある立教女学院から北方は杉並区で、北西方は武蔵野市になる。北口から駅舎に至る階段は、踏切の道路を跨ぐ歩道橋になっている。神田川に沿って遊歩道が整備され、井の頭公園まで続く。

　井の頭公園は帝都電鉄開業時に終点の「井之頭公園」として開設されるが、翌年に吉祥寺まで全通したため、途中駅となった。戦後、駅名表示は「井ノ頭公園」を経て、昭和35(1960)年に現在の表示になった。駅舎は下りホーム側にあり、平成18(2006)年に駅改装によって地下道が設けられ、上りホームに連絡するようになった。乗降者数は井の頭線でもっとも少ないが、桜の名所である井の頭公園の最寄り駅ということで、花見シーズンの土曜・休日には一部の急行が臨時停車する。下りホームにも桜の木があり、ホームに花びらが乱舞する。駅はテレビドラマのロケに使われることが多い。

井の頭公園駅 提供：京王電鉄 昭和31年

神田川の流れと低湿地帯の南側に開設された相対式ホーム2面2線の駅で、その構造は変わらないが、平成18年に地下通路が設けられた。

地上時代の三鷹台駅 提供：京王電鉄 昭和31年

駅開設から島式ホーム1面2線の小駅であった。三鷹台という地名は徳川家の鷹狩場が三ヶ所あったことに由来。

古地図探訪

三鷹台～吉祥寺駅付近

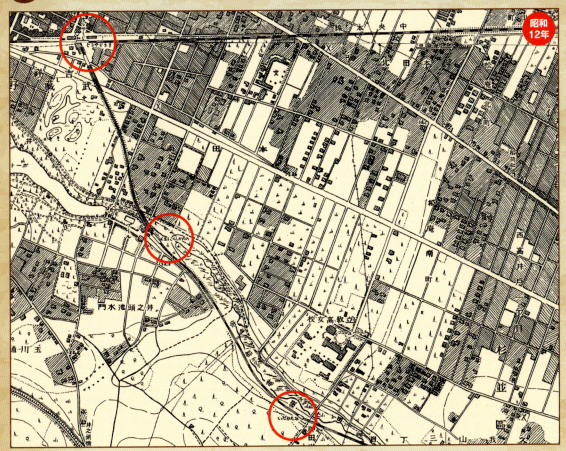

昭和12年

地図の最上部を東西に中央線が走り、左端に国鉄（現・JR）吉祥寺駅と帝都電鉄（現・京王電鉄）吉祥寺駅がある。帝都電鉄は高架線で井の頭通りを越えて、南側から進入した。吉祥寺駅の南には「ゐのかしらこうえん（井の頭公園）」駅があり、ボートとの記載がある井の頭池に隣接している。地図中央下に「立教高女校」とあるのは、現在の立教女学院（短大・高・中・小学校）のことで、この南側に三鷹台駅がある。

Kichijoji St.
吉祥寺
きち　じょう　じ

中央線から渋谷へショートカット
若者に人気の街を早く、安く結ぶ

【吉祥寺駅】	
開業年	昭和9(1934)年4月1日
所在地	東京都武蔵野市吉祥寺南町2-1-31
キロ程	12.7キロメートル(渋谷起点)
駅構造	高架駅
ホーム	2面2線
乗降人数	14万880人

昭和41年

◎吉祥寺駅
手前が井の頭線の吉祥寺駅。奥側の国鉄中央線は高架複々線化工事中であり、仮設のホームや階段が見える。吉祥寺が変貌を遂げるのはこの数年後からである。

昭和30年

◎吉祥寺駅のホーム
現在のホームの位置関係と構造は開業時と変わらないが、写真には開業時の面影が残っている。ホームの奥に改札口があり、中央線への跨線橋があった。
提供：京王電鉄

▷井の頭恩賜公園付近の空撮
大正6年に開園した都立公園で、井の頭池、井の頭自然文化園などで知られる。

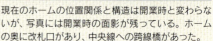

平成10年

提供：東京都

現在

◁現在の吉祥寺駅
平成26年に駅ビルが新築され、「キラリナ京王吉祥寺」を開業した。

　昭和9(1934)年、帝都電鉄は前年に開業していた渋谷～井之頭公園間を延伸させて吉祥寺を開設した。当時は地上駅だった国鉄(現・JR)中央線の南側に接して、高架駅として開設された。この時から駅舎と南口は帝都電鉄が管理しており、戦後の京王帝都電鉄、今の京王電鉄も管理を続けている。駅開設時の吉祥寺の町はそれなりに宅地化されていたが、畑も入り混じっており、とくに駅の南側は宅地化が進んでいなかった。戦前はまさに武蔵野そのもので、急速に市街地化されるのは昭和30年代になってからであった。なかでも北口は都市計画による道路整備によって、商業地区が目覚ましい発展をとげていった。

　平成22(2010)年、従来の京王吉祥寺駅ビルが廃止され、地下通路も閉鎖されて、駅ビル建て替え工事が始まった。そして、同26(2014)年に新駅ビルの「キラリナ京王吉祥寺」がオープンする。ホームは開設当初とほとんど変わらない頭端式2面2線で、改札口は1ヵ所のみ。反対側ホームに行くには改札口付近まで戻って向かわなくてはならない構造になっている。同27(2015)年には井の頭線で初めてホームドアを導入した。井の頭線は渋谷方面への短絡路線として便利なため、JR中央線からの乗り換え利用者が増加の傾向にある。

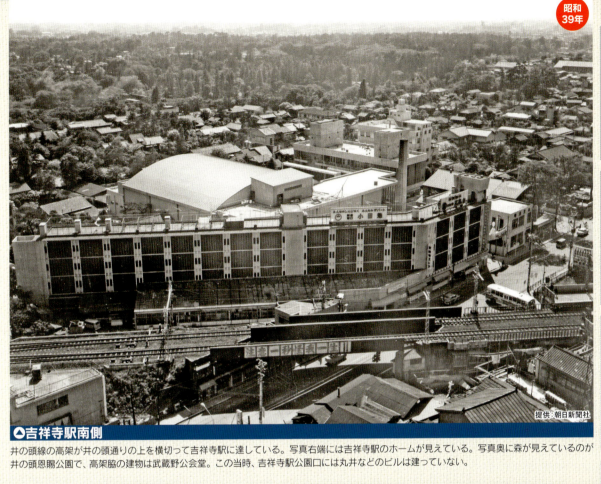

◎吉祥寺駅南側

井の頭線の高架が井の頭通りの上を横切って吉祥寺駅に達している。写真右端には吉祥寺駅のホームが見えている。写真奥に森が見えているのが井の頭恩賜公園で、高架脇の建物は武蔵野公会堂。この当時、吉祥寺駅公園口には丸井などのビルは建っていない。

吉祥寺駅付近の空撮

高架のJR吉祥寺駅に井の頭線が南側から高架で乗り入れている。JR吉祥寺駅の南側で井の頭線の高架下を井の頭通りが走っていて、その沿道にはビルもあるが、駅北側の商業化は進んでいない。今も駅前の繁華街を少し離れると住宅街になるが、この頃から宅地化の波が押し寄せていたことがわかる。ただ、ところどころに武蔵野の面影を残しており、緑が多い街になっている。

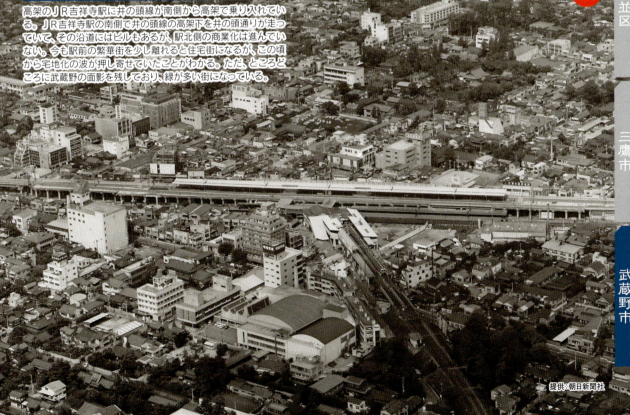

矢嶋 秀一（やじましゅういち）

1948（昭和23）年、長野県松本市生まれ。
上智大学在学中からフリーライターとして「週刊ポスト」（小学館）の取材・執筆にあたる。
同誌記者として15年間活動の後に独立。編集プロダクション経営の傍ら、講談社の「週刊分冊百科」を中心に執筆多数。著書に『西武新宿線 街と駅の1世紀』『西武池袋線 街と駅の1世紀』『東武東上線 街と駅の1世紀』（以上、彩流社）、『京急電鉄各駅停車』（洋泉社）等。

【写真提供】
京王電鉄株式会社、J.WALLY HIGGINS、伊藤威信、小川峯生、荻原二郎、清水正之、園田正雄、
髙橋義雄、矢崎康雄、安田就視、山田虎雄、
東京都、調布市郷土博物館、多摩市、日野市郷土資料館、八王子市、稲城市、町田市、相模原市、
朝日新聞社

【絵葉書、沿線案内図提供】
白土貞夫、生田誠、東北大学図書館、東京都立中央図書館

京王線・井の頭線 街と駅の1世紀

発行日・・・・・・・・・・・・・・・・・2016年5月5日 第1刷 ※定価はカバーに表示してあります。

著者・・・・・・・・・・・・・・・・・・・矢嶋秀一
発行者・・・・・・・・・・・・・・・・・茂山和也
発行所・・・・・・・・・・・・・・・・・株式会社アルファベータブックス
　　　　　　　　　　〒102-0072　東京都千代田区飯田橋2-14-5 定谷ビル
　　　　　　　　　　TEL. 03-3239-1850　FAX.03-3239-1851
　　　　　　　　　　http://ab-books.hondana.jp/

編集協力・・・・・・・・・・・・・・・株式会社フォト・パブリッシング
デザイン・DTP・・・・・・・・柏倉栄治
印刷・・・・・・・・・・・・・・・・・・・モリモト印刷株式会社

ISBN 978-4-86598-812-3 C0026
本書は日本出版著作権協会（JPCA）が委託管理する著作物です。
複写（コピー）・複製、その他著作物の利用については、事前にJPCA（電話 03-3812-9424、e-mail:info@jpca.jp.net）の許諾を得てください。なお、無断でのコピー・スキャン・デジタル化等の複製は著作権法上での例外を除き、著作権法違反となります。